Mehrsprachigkeit und Spracherwerb

LinguS 10

LINGUISTIK UND SCHULE

Von der Sprachtheorie zur Unterrichtspraxis

Herausgegeben von
Sandra Döring und Peter Gallmann

Rosemarie Tracy / Ira Gawlitzek

Mehrsprachigkeit und Spracherwerb

narr\f
ranck
e\atte
mpto

Bibliografische Information der Deutschen Nationalbibliothek
Die Deutsche Nationalbibliothek verzeichnet diese Publikation in der Deutschen Nationalbibliografie; detaillierte bibliografische Daten sind im Internet über http://dnb.dnb.de abrufbar.

DOI: https://doi.org/10.24053/9783823392767

Dischingerweg 5 · D-72070 Tübingen

Internet: www.narr.de
eMail: info@narr.de

CPI books GmbH, Leck

ISSN 2566-8293
ISBN 978-3-8233-8276-8 (Print)
ISBN 978-3-8233-9276-7 (ePDF)
ISBN 978-3-8233-0507-1 (ePub)

MIX
Papier aus verantwortungsvollen Quellen
FSC® C083411

Inhalt

Vorwort

Schulen sind Orte, an denen Wissen und Können erkannt, gefördert und herausgefordert sowie bewusstes Lernen gelehrt und gelernt werden. Ohne Sprache – ob gesprochen, gebärdet, geschrieben – wäre dies unmöglich. Diese Feststellungen sind an sich trivial. Aber sind Lehrkräfte, die dies leisten sollen, hinreichend mit dem Wissen und Können ausgestattet, um die mit ihrem Bildungsauftrag verbundenen Herausforderungen zu meistern? Fallen ihnen an Äußerungen ihrer Schülerinnen und Schüler nicht nur die Abweichungen von zielsprachlichen Strukturen auf – typischerweise als „Fehler" betrachtet –, sondern verfügen sie auch über den diagnostischen Blick, um bereits Erreichtes zu erkennen? Verstehen sie, warum einfach klingende Sätze wie *Der Hund wird von der Katze gejagt* oder *Den Hund jagt die Katze* von Lernerinnen und Lernern zeitweise anders interpretiert werden als von uns? Im Gegensatz zu unseren einleitenden Behauptungen ist keine dieser Fragen trivial. Um sie guten Gewissens mit einem selbstbewussten *Ja* zu beantworten, braucht man vor allem eines: Expertenwissen.

Anliegen unseres Buchs ist es, angehenden oder bereits in der Praxis tätigen Lehrkräften grundlegendes Wissen über Spracherwerb und Mehrsprachigkeit zu vermitteln. Wir möchten ihren Blick für die Systematik von Lernersprachen schärfen und ihnen Perspektiven auf die Fähigkeiten, aber auch auf den Unterstützungsbedarf von Kindern und Jugendlichen beim Weg durch unsere Bildungseinrichtungen eröffnen, auch wenn es uns in diesem Buch hauptsächlich um den **ungesteuerten Spracherwerb** geht, also um den Spracherwerb außerhalb des Klassenzimmers. Aber da wir ja praktischerweise unsere Sprachen immer im Gepäck haben, werden sich manche der später angesprochenen Phänomene auch innerhalb von Klassenzimmern und Seminaren wiederfinden lassen bzw. viele Themen eignen sich bestens als Diskussionsstoff mit Schülerinnen, Schülern und Studierenden. Dabei werden wir Leserinnen und Leser hin und wieder direkt ansprechen und sie in einen fiktiven Dialog verwickeln, wie gleich im nächsten Absatz.

Dank Ihrer eigenen sprachlichen Ressourcen verfügen Sie alle, die unseren Text lesen können, bereits über wichtige Voraussetzungen für die Unterstützung sprachlicher Lernprozesse anderer. Es bedarf allerdings noch weiterer Schritte. Der wohl wichtigste besteht darin, sich mit Sprache und den Formen, in denen sie uns begegnet, analytisch auseinanderzusetzen und sich die dafür benötigten konzeptuellen und terminologischen Grundlagen anzueignen. Um Ihnen Gelegenheit zu geben, Ihre Wahrnehmung entsprechend zu schulen, werden wir Ihre Aufmerksamkeit immer wieder auf konkrete und oft sehr kleinteilige Lernerdaten lenken. Vielleicht ist es ja ein kleiner Trost, dass wir anderen Berufssparten für ihre jeweiligen Aufgabenbereiche vergleichbares Expertenwissen abverlangen würden. Einiges an der **Metasprache** – also einer Fachsprache, um *über Sprache* zu reden –, die Sie im Folgenden erwartet, kennen Sie bereits aus Ihrer Schulzeit oder Ihrem Studium. Daher bedarf es vielleicht nur eines kleinen Anstoßes, um Sie daran zu erinnern. Als Optimistinnen nehmen wir auch an, dass Sie sich bei der Lektüre aufgrund des Kontextes und gezielter Steuerung und Wiederholung unsererseits bisher unbekannte Terminologie beiläufig aneignen können. Sie vollziehen damit hinsichtlich der für das Sprechen über Sprache benötigten Fachsprache auch eine Art von Spracherwerb.

Ein weiterer Schritt, den Sie hoffentlich nach der Lektüre und idealerweise mit Schwung inmitten eines Kollegiums Gleichgesinnter angehen können, besteht in der Erprobung und Umsetzung von Ideen in Ihrer pädagogischen Praxis. Ob dies gelingt, ist auch von den Bedingungen abhängig, die Sie in Ihrem beruflichen Umfeld vorfinden. Die Förderung sprachlicher Kompetenzen sollte sich auf die Schultern vieler Expertinnen und Experten innerhalb eines Kollegiums verteilen und nicht in die Zuständigkeit einzelner fallen. Um gut informiert über sprachliche Hürden, Förderbedarf und zielführende Maßnahmen entscheiden zu können, ist professionelles Wissen unverzichtbar, also der oben genannte erste Schritt, den wir hier gemeinsam gehen. Selbstverständlich hoffen wir auch, Sie mit unserer Begeisterung für die Architektur natürlicher Sprachen, die sich bereits in den allerersten Wortkombinationen von Kleinkindern zeigt, anstecken zu können.

Unsere positive Kernbotschaft am Ende des Buchs lässt sich folgendermaßen vorwegnehmen: Die allen Menschen in die Wiege gelegte Sprachbegabung und Kommunikationsfähigkeit sind eine gute Basis, um die Vermittlung und Förderung von Sprachen beherzt anzugehen. Das natürliche Interesse von Menschen jeden Alters an Sprache und nicht zuletzt die Emotionen, die durch die Art und Weise, wie man *mit uns* und *über uns* redet, in uns ausgelöst werden, bieten außerdem perfekte Anknüpfungspunkte, um sich im Unterricht oder im Studium mit dem Thema *Sprache* und mit der *eigenen kommunikativen Praxis* zu beschäftigen. Über unsere primären Zielgruppen hinaus haben wir deshalb als potenzielle Leserinnen und Leser auch Schülerinnen und Schüler sowie Studierende im Blick. Im Anschluss an jedes Kapitel finden Sie kleinere Aufgaben, Projektideen und Anregungen zur Diskussion im Klassenzimmer sowie vertiefende Literaturvorschläge. Lösungsskizzen für die Aufgaben haben wir am Buchende aufgeführt.

Von einem Text, der sprachliche Formen und das, was sie für uns im kommunikativen Alltag leisten, in den Mittelpunkt rückt, darf man einen geschlechtssensiblen Umgang mit Personenbezeichnungen erwarten, zumal die Steuerung der Aufmerksamkeit beim Hören und Lesen durch die Wahl von Genusformen durch einschlägige Forschung gut belegt ist (Stahlberg & Szesny 2001). Wir haben uns allerdings in Abweichung von gängigen Praktiken (z. B. konsequente Nennung beider Geschlechter, Binnen-I, Sternchen, Unterstrich, Doppelpunkt) für eine spielerische Option entschieden und wechseln im weiteren Text das Genus kapitelweise. In den ungeraden Kapiteln verwenden wir das Femininum, in den geraden das Maskulinum. Das jeweils andere Geschlecht und weitere Identifikationsoptionen sind in allen Fällen ausdrücklich, wenngleich formal unausgedrückt, mitgemeint. Weiterhin verwenden wir auch hin und wieder etablierte Generalisierungen wie „Studierende", und wenn das Geschlecht bekannt ist, referieren wir entsprechend.

Wir danken an dieser Stelle der Herausgeberin und dem Herausgeber der LinguS-Serie für ihre Geduld und hilfreiche Vorschläge sowie Stella Baumann, Frauke Fried, Mareike Keller, Johanna Tausch und Wintai Tsehaye für die konstruktive Rückmeldung zu früheren Textentwürfen. Beim Bundesraat för Nedderdüütsch, Institut für niederdeutsche Sprache (www.ins-bremen.de), bedanken wir uns für die Genehmigung, die Titelseite einer Broschüre in Kapitel 2 abzudrucken.[1]

1 Die Erwerbsdaten von Kindern und die Daten zum Sprachkontakt bei deutschen Ausgewanderten der ersten Generation in den USA konnten dank mehrerer DFG-finanzierter longitudinaler Projekte erhoben werden (Tr 238/1-4). Der DFG verdanken wir auch die zitierten Daten des Deutschen als Herkunftssprache (Forschungsgruppe RUEG, FOR 2537), und dem MWK gebührt Dank für die zweijährige Förderung eines Projekts zum frühen Zweitspracherwerb bei Kindern mit familiärer Migrationsbiographie. Wenn wir in späteren Kapiteln beim Zitieren von Kinderäußerungen auf die Wiederholung expliziter Quellen verzichten, so handelt es sich um Daten, die im Rahmen dieser Projekte erhoben wurden.

1 Einstimmung und Überblick

1.1 Zum Einstieg ein Selbstversuch

In diesem Band geht es um unterschiedliche Facetten des Spracherwerbs und darum, was passiert, wenn wir im Laufe unseres Lebens mehrsprachig werden oder bereits von Anfang an mit mehr als einer Sprache aufwachsen. Dabei verwenden wir die Bezeichnungen **mehrsprachig** und **bilingual** synonym, das heißt, wieviele sprachliche Systeme wir uns aneignen, ist an dieser Stelle nicht weiter relevant. Betrachten wir als Ausgangspunkt die Beispiele in (1), produziert von Personen mit unterschiedlicher Erwerbsbiographie.[2]

(1) a isch ischə aufräumen
b ich räum auf
c wo is das Junge is?
d Mummy picking flowers inə garden
e you're gonna be sorry if you make them shorter because die fallen so schön hier
f mit Hauptsatz ich habe keine Probleme. Nur mit Nebensatz
g dann da kommt Rauch raus
h Die hatten beiden rausgekommen zu sehen weder des auto hatt ihrgenwehrmand wegetahn

Wenn Sie raten sollten, ob diese Äußerungen von ein- oder mehrsprachigen Personen produziert wurden, würde Ihnen, von (1e) und vielleicht (1f) und (1h) abgesehen, die Antwort vermutlich schwerfallen. Dafür gibt es einen guten Grund: Es ist nicht einfach! Einfacher ist es, einen ersten Eindruck dahingehend zu gewinnen, was diese Sprecherinnen bislang gemeistert haben. Dies können Sie aber nur, wenn Sie wissen, auf welche Indizien Sie bei Äußerungen achten sollten.

2 Da es sich – mit Ausnahme von (h) – um gesprochene Äußerungen handelt, rücken wir fallweise, d. h. sofern hilfreich, von der Standardorthographie ab. Die Schreibung „ə" (das sogenannte *schwa*) steht für einen kurzen, unbetonten Vokal, wie im Auslaut von *Hase* oder in der zweiten Silbe von *unbetont*; *is* – statt *ist* – entspricht umgangssprachlichem Deutsch. Bei (h) wurde die Schreibweise der Verfasserin beibehalten; sie selbst hatte den Satz in dieser Form auf einem Laptop getippt.

Betrachten wir einmal die einzelnen Sätze in (1) genauer: Welche Wortarten treten auf? Wahrscheinlich erinnern Sie sich an die Fachtermini für Wortklassen wie Verb, Nomen, Artikel, Präposition, Konjunktion, Partikel, Adjektiv, Adverb? Spätestens nach dem 3. Kapitel werden sie Ihnen wieder geläufig sein. Was fällt Ihnen bezüglich der Wortstellung auf? Erkennen Sie Wortgruppen (sogenannte **Phrasen**), und anhand welcher Kriterien könnten Sie die Subjekte eines Satzes identifizieren? Wären Sie in der Lage, die morphologische, also wortinterne, Struktur der einzelnen Wörter zu beschreiben? Und generell: Welche Merkmale dieser Äußerungen gehorchen Ihrer Ansicht nach einer Grammatik des Deutschen? Wir bezeichnen solche folgsamen Merkmale im Folgenden auch als „kanonisch“ oder „wohlgeformt“.

Die Beispiele in (1a) und (1b) stammen von einem Mädchen mit Russisch als Erstsprache (abgekürzt L1). Deutsch ist ihre frühe Zweitsprache (fL2). Zum Zeitpunkt der Tonaufnahme, der wir beide Äußerungen entnommen haben, ist sie drei Jahre und einen Monat alt (abgekürzt 3;1) und erst seit ihrem Eintritt in eine Kita wenige Wochen zuvor in intensivem Kontakt mit dem Deutschen. Wir sehen, dass sie in (1a) ein rudimentäres Satzmuster mit einem Infinitiv, *aufräumen*, produziert, gleichzeitig in (1b) aber eine fortschrittlichere Struktur, in der die Partikel *auf* nun rechts vom Verb erscheint. Das Verb stimmt sogar schon mit dem Subjekt *ich* in Person und Numerus (1. Person Singular) überein. Wir sagen dazu: Es ist *finit*. Nicht lange davor hatte das Kind noch ausschließlich Fragmente wie (1a) produziert. Aber zum Zeitpunkt des alternierenden Auftretens von (1a) und (1b) erkennen wir: Der Erwerb geht voran, die Richtung stimmt! Halten wir an dieser Stelle schon einmal fest, dass einfache und fortschrittlichere Strukturvarianten im Repertoire einer Person koexistieren können. Außerdem: Vergessen wir nicht, dass wir alle unser Leben lang nicht finite Satzfragmente wie in (1a) produzieren, so beispielsweise in dem fiktiven Dialog in (2).

(2) A: Du könntest heute mal wieder aufräumen.
B: Ich aufräumen? Du bist doch an der Reihe!

Beispiel (1c), mit der Verdoppelung der Kopula *is(t)*, wurde von einem monolingualen Mädchen im Alter 2;3 produziert. Deutsch ist also ihre L1. Allein diese eine Äußerung legt nahe, dass die Sprecherin ein zentrales organisatorisches Prinzip der Architektur deutscher Sätze erkannt hat: die **Satzklammer**, auf die wir in Kapitel 3 näher eingehen. Sie weiß – natürlich nicht bewusst! –, dass ein finites Verb in deutschen Sätzen in zwei Positionen im Satz auftreten kann, allerdings nicht gleichzeitig, wie in diesem Fall. Im Unterschied zu der Zweijährigen werden Sie nach der weiteren Lektüre *explizit* wissen, warum diese beiden Verbpositionen im Deutschen wichtig sind. Das Mädchen weiß es *implizit* schon mit 2;3. Sofern Sie mit Deutsch als Erstsprache aufgewachsen sind, wussten Sie dies im Alter von zwei bis drei Jahren ebenfalls implizit.

Die englische Äußerung (1d) stammt von einem Mädchen (Alter 2;4), das von Geburt an Deutsch und Englisch als doppelte Erstsprachen (notiert als 2L1) erwirbt. Dass sie zweisprachig ist, kommt hier allerdings nicht zur Geltung. Ihr Englisch entspricht dem Stand monolingualer Kinder mit L1-Englisch. Was Sie jetzt noch nicht ahnen können, weil wir darauf erst in Kapitel 4 eingehen: Die deutsche Grammatik des Mädchens ist in diesem Alter schon sehr viel weiter fortgeschritten als ihre englische Grammatik. In deutschen Sätzen produziert sie mühelos, was im Englischen noch fehlt, z. B. finite Verben aller Art, inklusive Hilfsverben, die wir in (1d) noch vermissen. Kanonisches Englisch wäre ja *Mummy is picking flowers.* Halten wir auch hier schon einmal fest, dass sich von Geburt an erworbene Erstsprachen durchaus nicht immer gleich schnell entwickeln, und zwar auch dann nicht, wenn hinreichend Input in beiden Sprachen vorhanden ist. Die Frage, was es mit asynchronen Entwicklungen dieser Art auf sich hat, greifen wir in Kapitel 4 wieder auf.

Beleg (1e), eine sprachlich „gemischte" Äußerung mit englischen und deutschen Anteilen, kann man zweifelsfrei einer mehrsprachigen Person zuordnen. Wir verdanken sie einer achtzigjährigen deutschen Emigrantin in den USA, die erst im Alter von 14 Jahren nach ihrer Einwanderung mit Englisch in Kontakt kam. Thema in (1e) ist die Frisur ihrer Gesprächspartnerin. Falls Sie sich jetzt fragen, ob diese Deutschamerikanerin nach 65 Jahren in den USA überhaupt noch ausschließlich deutsche Passagen produzieren kann: Ja, kann sie!

Beispiel (1f) wurde von einer fünfzigjährigen Lettin produziert, die seit fünf Jahren in Deutschland lebt und seit etwa einem Jahr Deutschkurse besucht. Ihr intensiver Kontakt mit Deutsch begann erst mit der Ankunft in Deutschland. Entgegen ihrer Meinung, sie hätte „keine Probleme" mit deutschen Hauptsätzen, ist die Verbstellung in (1f) nicht kanonisch. Aber ist das wirklich ein Problem? Keinesfalls für die Kommunikation! Jedenfalls stellt sich an dieser Stelle vielleicht schon der Verdacht ein, dass die Platzierung deutscher

Verben eine Erwerbshürde darstellt – vielleicht sogar bei Erwachsenen noch mehr als bei Kindern?

Die Äußerung in (1g) stammt von einem zweijährigen monolingualen Jungen mit Deutsch als alleiniger L1. Auch hier weicht die Verbstellung – wie in (1f) – von dem ab, was wir von einem kanonischen Hauptsatz im Standarddeutschen erwarten.

Bei (1h) handelt es sich um den getippten Satz einer Siebzehnjährigen, die in den USA als Kind eingewanderter Eltern mit Deutsch als Erstsprache – als sogenannter **Herkunftssprache**, dazu mehr in Kapitel 4 – aufgewachsen ist. Ihre Aufgabe bestand darin, nach Betrachten eines kurzen Videofilms, in dem ein fiktiver Unfall zu sehen war, einen Zeugenbericht zu verfassen. Spontan würden Sie sicher im ersten Satz ein anderes Hilfsverb (*waren*) vorziehen und vor den Infinitiv ein *um* einfügen. Bei *ihrgenwehrmand* denken Sie ganz richtig an eine Verschmelzung von *irgendwer* und *irgendjemand.* Insgesamt vermuten Sie, dass sich die Schreiberin mit der deutschen Orthographie schwertut. Das stimmt, denn in ihrer amerikanischen Schule gab es keinen Deutschunterricht.

Ahnen Sie, was sich hinter dem *weder* verbirgt? Die junge Frau verwendet hier das englische Wort *whether* anstatt des deutschen *ob.* In ihren deutschen mündlichen Unfallschilderungen taucht das Wort in eingedeutschter Aussprache auf: [vedə]. Zum Zeitpunkt der Datenerhebung ist Englisch die von der Verfasserin des Unfallberichts meistens und souveräner gesprochene und geschriebene Sprache.

Vermutlich verstehen Sie bereits jetzt schon, warum es keineswegs leicht ist, Erwerbstypen anhand dessen, was gesprochen oder geschrieben wird, zu unterscheiden. Die exakte Zuordnung zu bestimmten Erwerbsszenarien (Erstspracherwerb einer Sprache, doppelter Erstspracherwerb, Zweitspracherwerb in unterschiedlichem Alter etc.) ist daher aus pädagogischer Sicht weniger wichtig als die Entwicklung eines Blicks für Strukturmerkmale, die uns verraten, wie weit Lernende auf ihrem Weg zur Zielsprache bereits gekommen sind. Natürlich würden Sie in der Realität – im Unterschied zu unserem kleinen Selbstversuch hier – nicht nur einzelne Äußerungen in den Blick nehmen, sondern Sie könnten sich auf vielfache schriftliche und mündliche Äußerungen von Lernerinnen stützen.

Jedenfalls werden Sie im Zuge Ihrer weiteren Lektüre erkennen, dass die Personen, die wir in (1) zitiert haben, Erwachsene und Kinder, ein- oder mehrsprachig, mit sehr ähnliche Herausforderungen zu kämpfen haben. Manche Lernerinnen bewältigen sie auf erstaunlich ähnliche Weise; manchmal sehen wir Unterschiede auf dem Weg und im Resultat, weil sich die Erwerbsbedingungen unterscheiden (z. B. Alter, kognitive Ressourcen und Verarbeitungskapazität, das qualitative und quantitative Angebot einer einsprachigen oder mehrsprachigen Umwelt, bereits vorhandene ähnliche oder unterschiedliche Sprachen, Minoritäts- oder Majoritätsstatus). Wichtig ist: Die grammatischen Systeme, die sich dabei entwickeln, sind nicht chaotisch, und die Art und Weise, wie Lernerinnen mit ihren grammatischen Ressourcen umgehen, zeugt von innovativen Problemlösestrategien.

1.2 Sprache: komplex und immer dabei

Steven Pinker, dem wir mehrere spannende Bücher über unsere Sprachfähigkeit verdanken, schrieb: „We are verbivores, a species that lives on words." (2007, S. 24). Dabei mutet er seiner Leserinnenschaft mit *verbivore* ein nicht existentes Wort zu, offensichtlich im Vertrauen darauf, dass man sich die Bedeutung erschließen kann.[3] Um *verbivore* (‚Wortfresser') und den sprachlichen Witz dahinter zu verstehen, muss man englische Wörter wie *herbivore* (‚Pflanzenfresser'), *piscivore* (‚Fischfresser') oder *carnivore* (‚Fleischfresser') kennen. Alle sind ursprünglich dem Lateinischen entlehnt und, ebenso wie *species* im gleichen Zitat, Beispiele für bildungssprachliche Register. Natürlich drückt *verbivore* wortwörtlich genommen etwas faktisch Unmögliches aus, im Unterschied zu den drei anderen Bezeichnungen. Dennoch verstehen wir die intendierte Bedeutung problemlos. Pinkers eigentliche Botschaft lässt sich etwa folgendermaßen paraphrasieren: *Sprachen spielen eine immens wichtige Rolle in unserem Leben; unser Wortschatz ist rasant und grenzenlos erweiterbar.* Er sagt dies allerdings auf eine einprägsamere und viel amüsantere Weise als unsere Paraphrase und appelliert zugleich durch die Art der Formulierung an unseren Bildungshorizont und an unseren Spaß am Spiel mit sprachlichen Formen und Bedeutungen.

3 Richard Lederer hatte schon 1994 in einem seiner unterhaltsamen Bücher über den englischen Wortschatz den Titel *Adventures of a Verbivore* gegeben. Im Umschlagtext lesen wir: „Carnivores consume meat; piscivores eat fish; herbivores chomp plants; verbivores devour words."

Wohl keine unserer kognitiven Leistungen kann mit unserer Fähigkeit mithalten, jede einzelne von existierenden 6.000 bis 7.000 Sprachen zu erwerben. Dabei handelt es sich gleich in mehrfacher Hinsicht um eine höchst komplexe Leistung, sowohl bezüglich des sprachlichen Kenntnissystems (der sogenannten **Kompetenz**) als auch seiner Verwendung (**Performanz**) und den daran beteiligten, in Echtzeit ablaufenden Verarbeitungsschritten. Mit *Kompetenz* meinen wir im Gedächtnis abgespeicherte Wissensbestände: **konzeptuelle Einheiten** und **Bauanleitungen** (Konstruktionsregeln) für Silben, Wörter, Phrasen und Sätze, die wir im Zuge des Spracherwerbs entdecken und verinnerlichen (*internalisieren*), darunter auch das überwiegend implizite Wissen, das wir als **Grammatik** bezeichnen.

Komplex ist das Ganze, weil mehrere Wissenstypen daran beteiligt sind. Man spricht hier auch von unterschiedlichen koexistierenden *Ebenen*:

- Phonologie (lautliche, melodische und rhythmische Merkmale)
- Morphologie (wortinterne Struktur)
- Semantik (Bedeutung von Wörtern und Sätzen)
- Syntax (Satzbau, Wortstellung)
- Pragmatik (Wissen um kontextangemessene Verwendung, Sprecherbedeutung)

Eine zentrale Aufgabe beim Spracherwerb besteht folglich darin, in detektivischer Kleinarbeit die Bausteine aller Ebenen und die Gesetzmäßigkeiten ihrer Kombinatorik zu entdecken. Außerdem müssen vielfältige **Schnittstellenprobleme** gelöst werden, d. h. Lernende müssen herausfinden, wie die verschiedenen Ebenen zueinander passen. Um ein Beispiel zu nennen: Als Sprecherinnen des Deutschen wissen wir, dass bestimmte und unbestimmte Artikel vor Nomen erscheinen, nicht danach. In dem Artikel *den* in dem Satz *Hast du <u>den</u> Kuchen gegessen?* steckt eine semantisch relevante Information über Definitheit (vgl. den Unterschied zu *Hast du <u>einen</u> Kuchen gegessen?*), außerdem Hinweise auf das grammatische Genus (Maskulin), Numerus (Singular) und Kasus (Akkusativ) des direkten Objekts. Im Fall von *Hast du den Kuchen gegessen?* weist die Wahl des bestimmten Artikels auf einen spezifischen Kuchen hin. Wer hier den bestimmten Artikel verwendet, nimmt an, dass die angesprochene Person weiß, um welchen Kuchen es sich handelt. Obwohl als Frage formuliert, liegt hinsichtlich der pragmatischen Funktion einer solchen Äußerung (der eigentlichen Sprecherbedeutung) eine Interpretation als Vorwurf oder Ausdruck von Enttäuschung nahe, weil anscheinend nichts vom Kuchen übrig ist.

Die Komplexität sprachlicher Performanz, d. h. der an der Sprachverwendung in Echtzeit beteiligten Prozesse, kann man sich leicht vor Augen führen. Beim Sprechen und Verstehen in gut beherrschten Sprachen greifen wir hochautomatisiert und extrem schnell auf unseren Wissensspeicher zu. In Momenten, in denen wir nicht besonders fit sind (müde, dehydriert, durch Medikamente oder Alkohol außer Kraft gesetzt u. a. m.), verläuft dieser Prozess nicht immer optimal, aber unter normalen Bedingungen vollbringen wir tatsächlich Erstaunliches. Dass wir uns dabei hin und wieder versprechen oder verhören, ist Teil unseres normalen kommunikativen Alltags, passiert aber eigentlich in Anbetracht der Komplexität sprachlicher Systeme und ihrer Verwendungsgeschwindigkeit geradezu überraschend selten (Leuninger 1993).

Beim normalen Sprechen produzieren Erwachsene zwei bis drei Wörter pro Sekunde, die wir thematisch passend unter 20.000 bis 50.000 Wortkandidaten unseres aktiven Wortschatzes auswählen.[4] Nach einer anfänglichen Idee, worüber wir reden wollen, übernimmt unsere mentale Grammatik die Regie und baut auf allen Ebenen nach und nach Strukturen zusammen, die zu unseren intendierten Sprechakten (Bitten, Befehlen, Fragen etc.) passen. Das Ergebnis unserer Planung kulminiert schließlich in Instruktionen an unseren Artikulationsapparat. Dieser sorgt dann dafür, dass wir Wörter nacheinander, rhythmisch angemessen, mit unserer Atmung koordiniert und einigermaßen verständlich produzieren. Dabei werden aufeinander folgende Wörter beim informellen Sprechen auch kontrahiert oder – technischer ausgedrückt – **klitisiert.** So finden wir klitisierte Pronomina, z. B. [çabn] in *ich habe ihn gesehen* im Deutschen oder *je l'ai vu* im Französischen, und klitisierte Hilfsverben im Englischen, vgl. *I've seen him.*

Obwohl wir diese Prozesse nicht bewusst steuern, unterliegen sie unserer Kontrolle – man spricht hier auch vom **Monitoring.** Da wir uns selbst sprechen hören, können wir eigene sprachliche Fehlleistungen unmittelbar reparieren, häufig von Gesprächspartnerinnen unbemerkt. Es gelingt uns sogar oft, Versprecher (z. B. *rotieren* statt *votieren*, *rechts* statt *links*) rechtzeitig zu stoppen, bevor wir sie artikulieren. Noch während wir anderen zuhören und das von ihnen Geäußerte nach und nach interpretieren, planen wir unseren

4 Unser passiver Wortschatz besteht aus Wörtern, die wir zwar verstehen, aber nicht verwenden. Er kann unseren aktiven Wortschatz um das Doppelte übersteigen.

nächsten Einsatz und warten vielleicht schon ungeduldig auf die Gelegenheit, das Wort zu ergreifen. Dabei scheuen wir nicht einmal davor zurück, jemandem ins Wort zu fallen oder – wenn uns an einer Freundschaft liegt, hoffentlich nicht zu oft! – die Sätze anderer zu beenden. In unsere Äußerungsplanung gehen viele unterschiedliche kontextuelle Faktoren ein, z. B. unsere Einschätzung des Alters, Status, des Weltwissens und der sprachlichen Kompetenzen unserer Gesprächspartnerinnen sowie unser Wissen um das einer bestimmten Situation angemessene Register (z. B. eher formell oder informell). Außerdem bemühen wir uns darum – naja, meistens! –, unsere Gesprächspartnerinnen nicht durch unhöfliche Formulierungen zu kränken.

Unser sprachliches Wissen interagiert mit unseren sonstigen kognitiven Fähigkeiten. Mit Hilfe des nicht verbalen Kontextes und unseres Weltwissens können wir Äußerungen anderer selbst dann erschließen, wenn sich unser Gegenüber missverständlich ausdrückt. Dabei hilft uns auch die Annahme, dass sich Gesprächspartnerinnen normalerweise kooperativ verhalten und uns nicht in die Irre führen wollen.[5] Man vergleiche dazu folgendes Szenario.

(3) Eine Kundin betritt ein Buchgeschäft.
Buchhändlerin: Kann ich helfen?
Kundin: Ich suche den Jungen Werther.
Buchhändlerin: Goethe finden Sie im Untergeschoss.

Aufgrund ihres Professionswissens kann die Buchhändlerin problemlos ausschließen, dass die Kundin eine bestimmte Person sucht: einen jungen Mann namens *Werther.* Als Kundinnen würden wir die Reaktion der Verkäuferin auch nicht als Hinweis dahingehend interpretieren, dass Goethe zwecks Signierung seines Werks oder anlässlich einer Lesung wiederauferstanden und im Untergeschoss des Buchgeschäfts zu finden ist. Vielmehr würden wir davon ausgehen, dass die Reaktion der Buchhändlerin einen **relevanten Bezug** zu unserem Anliegen aufweist, und uns ins Untergeschoss begeben.

Halten wir also fest, dass Menschen über ein Arsenal effizienter verbaler und natürlich auch gestischer und mimischer Interaktionsstrategien verfügen.

5 Das Kooperationsprinzip und damit verbundene Leitlinien (Maximen) gehen auf den Philosophen Paul Grice (1975) zurück. Zum kooperativen Verhalten gehört, dass wir (normalerweise) nicht lügen und nicht mehr, aber auch nicht weniger sagen als nötig und dies so klar wie möglich. Das heißt, wir sollten im Gespräch relevante Information beisteuern und uns höflich verhalten.

Dies gilt auch für asymmetrische Situationen, d. h. wenn wir oder unsere Gesprächspartnerinnen noch mitten im Spracherwerbsprozess stecken und auf den guten Willen anderer angewiesen sind. Wir kommunizieren erfolgreich, obwohl wir uns in Unterhaltungen oft selbst unterbrechen, z. B. weil uns beim Reden eine bessere Formulierung einfällt, weil wir nach Wörtern suchen oder, wie oben erwähnt, eigene Versprecher reparieren. Trotz solcher Mängel – ja, man möchte sagen: gerade deswegen! – zeigt unser sprachliches Verhalten, wie virtuos und höchst flexibel unser Sprachverarbeitungssystem mit unseren Ressourcen unter Echtzeitbedingungen umgeht. Mit anderen Worten: Unsere Performanz erweist sich als höchst kompetent,[6] und zwar sogar dann, wenn wir uns über das Diktat unserer Grammatiken hinwegsetzen und erfinderisch über Etabliertes hinausgehen – wie im Fall von *verbivore*. Im Bemühen um Kommunikation entstehen Äußerungen, in denen die Grenzen einzelsprachlicher Grammatiken – wenn auch nicht die **Grenzen natürlicher menschlicher Sprachen** – mühelos überschritten werden. Dies werden wir in späteren Kapiteln sowohl im Zusammenhang mit Erwerbsstrategien als auch beim **Code-Mixing** (→ 6) noch deutlicher sehen können.

1.3 Sprachliches Wissen: nicht beobachtbar und dem Bewusstsein weitgehend verschlossen

Jenseits wissenschaftlicher Streitigkeiten darüber, wie man sich unser sprachliches Wissenssystem vorstellen sollte und wie es in neuronale Muster und Aktivitäten unseres Gehirns übersetzt werden kann, ist die Unterscheidung von Kenntnissen einerseits und beobachtbarem Verhalten andererseits sinnvoll. Ein Kognitionspsychologe hat dies einmal sehr prägnant formuliert: "... underlying all cognitive activity is a more perfect system than that displayed by the record of behavior itself." (Pylyshyn 1973, S. 31). In dem Zitat ist von einem **zugrundeliegenden System** die Rede. Für die sprachwissenschaftliche Forschung besteht ein erhebliches Problem darin, dass sich dieses System nicht direkt beobachten und messen lässt. Wir können immer nur aufgrund von Verhaltensindikatoren, sei es durch Sprechen, Schreiben oder Verstehensreaktionen (z. B. Reaktionsgeschwindigkeit, elektrische Signale des Gehirns, Bildbenennung, Blickbewegung, Wiederholen und Beurteilen von

6 Auer (2009) spricht ebenfalls, u. a. unter Bezug auf das Mischen von Sprachen, wie wir es in Kapitel 6 näher unter die Lupe nehmen, von *kompetenter Performanz*.

Sätzen, Nachspielen etc.) auf vorhandenes Wissen schließen. Hinzu kommt, wie wir schon betont haben, dass wir in unserem sprachlichen Verhalten problemlos die Grenzen unserer einzelsprachlichen Grammatiken überschreiten können. Das heißt im Übrigen auch: Wir reproduzieren nicht einfach nur, was schon in unserem verbalen Gedächtnis gespeichert ist. Wie käme sonst je etwas Neues zustande? Wie könnten sich Sprachen wandeln, wenn wir immer nur genau das sehen und hören, was uns ein vorhandenes und damit konservatives System diktiert?

Unser Kenntnissystem ist, wie bereits betont, weitgehend *implizit*, d. h. unserem eigenen Bewusstsein nicht zugänglich, im Unterschied zu *explizit* verfügbarem Wissen, zu dem wir uns mehr oder weniger stichhaltig äußern können, z. B. wann und warum wir im Deutschen jemanden duzen oder siezen. Leider haben wir keine Erinnerung daran, wie wir unseren eigenen Spracherwerbsprozess nach und nach gemeistert haben, auch wenn unsere Eltern und Großeltern mit mancherlei belustigenden Anekdoten und optimistischen Annahmen hinsichtlich ihrer eigenen Rolle aufwarten können. Zweifellos haben sie uns mit allem Nötigen versorgt und dennoch das Ausmaß ihres Beitrags in vieler Hinsicht überschätzt. Das aber müssen Sie ihnen aber nicht unbedingt verraten!

1.4 Sprachliches Wissen: abstrakt, vielseitig und dynamisch

Typischerweise, aber im Grunde inkorrekt, reden wir in einer Weise über Sprachen, als ob es sich dabei um Gegenstände handelte, die man erwerben, verlieren oder unbeschadet an Folgegenerationen vererben könnte. Aber mit der Bezeichnung *Sprache* verweisen wir, wie eben erläutert, auf ein gedankliches Konstrukt, nämlich ein Wissenssystem, auf dessen Existenz wir anhand unterschiedlicher Arten von Evidenz schließen. Hinzu kommt, dass **Sprache**, auch wenn wir von ihr in der Einzahl sprechen, multiple Kenntnissysteme (Dialekte, Register, Stile o.ä.) umfasst. Da sich jede Generation – genauer: jedes einzelne Kind – diese sprachlichen Systeme anhand relevanter Erfahrung in Eigenregie aneignen muss, kommt es notwendigerweise zu Brüchen bei der Weitergabe von einer Generation zur nächsten.[7] Die Auswirkungen von

7 Bevor Sie nun meinen, dass wir uns mit der Rede vom „Weitergeben" widersprechen: Es handelt sich um reine Behelfsmetaphorik, denn wir benötigen schließlich Sprache, um *über* Sprache zu sprechen.

Diskontinuität werden besonders deutlich, wenn Kinder eine Erstsprache erwerben, die in ihrer Lebenswelt zunehmend in den Hintergrund gedrängt wird, wie im Fall von **Herkunftssprachen** oder **Minderheitensprachen**, die in der unmittelbaren Umgebung vielleicht nur noch von Mutter und/oder Vater oder generell wenigen Familienmitgliedern gesprochen werden (vgl. Brehmer & Mehlhorn 2018 (= LinguS 4), Polinsky 2018).

Auch im Erwachsenenalter, also nach Erreichen eines relativ stabilen grammatischen Plateaus einer L1, können sich unsere individuellen Kenntnissysteme durch die **Kontaktaufnahme** mit neuen Sprachen verändern, ebenso durch die *Abnahme von Kontaktgelegenheit* mit unseren Erstsprachen, wie im soeben erwähnten Fall von Herkunftssprachen. Beides ist unter anderem eine vollkommen natürliche Folge von Migration. Dabei stellt sich die Frage, ob und inwieweit sich die zugrundeliegende L1-Grammatik, das Kenntnissystem an sich, verändert oder nur der spontane Zugriff darauf und damit die Sprachverarbeitungsleistung (z. B. die Geschwindigkeit) bei der Produktion und beim Verstehen. Letzteres, Veränderungen beim Zugriff auf Sprachwissen, sehen wir übrigens auch in Folge normaler Alterungsprozesse und pathologischer Veränderungen unseres Gehirns, z. B. durch Schlaganfälle oder Demenz. Veränderungen sehen wir aber auch bei kontinuierlicher Verwendungsgelegenheit. Am offensichtlichsten zeigt sich dies bei der lebenslangen Erweiterung unseres Wortschatzes.

1.5 Status, Identität und individueller Fingerabdruck

Abnehmende Verwendungsgelegenheit führt dazu, dass Dialekte und Minderheitensprachen an Relevanz und gesellschaftlichem „Marktwert" verlieren und von nachfolgenden Generationen nicht mehr erworben werden. Weltweit spielen dabei auch immer wieder Diskriminierung und Sprachverbote eine unrühmliche Rolle.

Durch Sprachkontakt und Statusgewinn entwickeln sich neue Varietäten. Zu diesen gehören (Multi-)Ethnolekte, wie sie in vielen Metropolen entstanden sind und auch schon untersucht wurden (Auer 2013, Keim 2012, Wiese 2012). Sie sind typisch für dynamische jugendliche Migrantinnengruppen unterschiedlicher Herkunftssprachen, aber Merkmale dieser Varietäten werden ebenso von Jugendlichen aus nicht zugewanderten Familien in ihre Repertoires aufgenommen. Denken wir auch an digitale soziale Netze, z. B.

Chats, die sich an informellen mündlichen Registern orientieren und in denen sich auch rasch neue orthographische Konventionen verbreiten. Die Kombination mit graphischen Symbolen, Bildern und filmischen Elementen lassen ein multimodales kommunikatives Produkt mit neuen Ausdrucksformen und Möglichkeiten der Zugehörigkeits- und Identitätsmarkierung entstehen.

Sprache ist nicht nur allgegenwärtig, wie wir zu Beginn dieses Kapitels betont haben. Sie ist auch eng mit unseren Emotionen und unserem Selbstwertgefühl verbunden. Unsere Ausdrucksweise gibt viel von uns preis: Alter, Bildungshintergrund, Interessen, Wertvorstellungen, Sympathie oder Antipathie, Zugehörigkeit und Abgrenzung. Myers-Scotton (2006, S. 114) schrieb diesbezüglich: Sprache „[...] may be the most visible symbol of a group." Wir reagieren empfindlich, wenn man unsere sprachlichen Fähigkeiten und unsere Sprachverwendung kritisiert, und der Gedanke, durch unsere Sprech- oder Schreibweise als „nicht dazugehörig" oder inkompetent aufzufallen, verunsichert. Ein einschlägiges Beispiel – zugleich eine geeignete Einstimmung auf das kommende Kapitel über Mehrsprachigkeit – liefert ein Artikel von Emilia Smechowski mit der Überschrift *„Pssst", machte meine Mutter, wenn ich auf der Straße Polnisch sprach* (*DIE ZEIT* no. 31, 27.7.17, S. 53):

> Meine Eltern sprechen die Sprache sehr gut, aber sie schämen sich noch immer, wenn sie merken, dass sie einen winzigen Grammatikfehler gemacht haben. Meine Mutter verwechselt noch immer „der", „die", „das". Dass man den Weizen isst und das Korn, aber das Weizen trinkt und den Korn, ist für sie der blanke Horror.

Aus pädagogischer Sicht ist die enge Verknüpfung von Sprache und unserem generellen Wohlbefinden und Selbstbild ein Vorteil, weil sich ihr niemand, ob ein- oder mehrsprachig, entziehen kann. Dies bedeutet, dass auch in Ihrer Schülerschaft, vermutlich ebenso wie bei Ihnen selbst, positive und negative Alltagserfahrungen (ob Mobbing, Kritik oder Lob) im Zusammenhang mit Sprache vorausgesetzt werden können. An sprachbezogenen Themen von generellem Interesse und Diskussionsstoff fehlt es also im Klassenzimmer nicht. Um nur einige zu nennen:

- Welche Einstellungen zu eigenen sprachlichen Kompetenzen haben Schülerinnen eigentlich?
- Wie wollen wir in der Schule und überhaupt miteinander kommunizieren?
- Was richten wir mit Sprache aus, was richten wir im Leben anderer an?

Manche dieser Themen gehen zwar über die Anliegen dieses Buchs hinaus, eignen sich aber, um im schulischen oder universitären Kontext über kommunikative Praktiken und die Wertigkeit sprachlicher Repertoires in einer Wissensgesellschaft zu diskutieren, die leider in puncto Sprache immer noch erhebliche Wissenslücken aufweist (vgl. Wiese et al. 2020).

1.6 Vorschau auf Weiteres

Viele der in diesem einleitenden Kapitel angesprochenen Punkte werden uns im Folgenden immer wieder begegnen. Da sich neben dem Spracherwerb das Thema Mehrsprachigkeit durch den gesamten Text zieht, widmen wir ihm gleich Kapitel 2. Danach präzisiert Kapitel 3, was beim Spracherwerb so alles erworben und in der Produktion und beim Verstehen genutzt wird. Im Anschluss gehen wir in unserem umfangreichsten vierten Kapitel auf das Spektrum prototypischer Spracherwerbsszenarien ein. In Kapitel 5 behandeln wir das Thema **Literacy**, d. h. Lese- und Schreibfähigkeiten und das für Schule zentrale Textwissen in ein- und mehrsprachigen Kontexten. In Kapitel 6 verdeutlichen wir das kommunikative Potential der Koexistenz mehrerer Sprachen im Kopf und die Virtuosität des Mischens verfügbarer Sprachen. Letzteres, die Kombination sprachlicher Ressourcen innerhalb von Gesprochenem und in Texten ist strukturell anspruchsvoll und keineswegs ein Symptom sprachlicher Verwirrung oder mangelnder Sprachbeherrschung. Kapitel 7 zieht Konsequenzen für einen angstfreien Umgang mit sprachlicher Vielfalt in unseren Bildungsinstitutionen und in unserer Gesellschaft und schließt mit unserem bereits einleitend erwähnten optimistischen Fazit.

Aufgaben

1. Betrachten Sie den letzten Absatz oben und unterstreichen Sie alle finiten Verben.
2. Worin besteht die Komik von Formulierungen wie „Sie erhalten Ihre Staus kostenlos bei SWR3“ (Hörbeleg aus einer Radiosendung von SWR3), und warum fällt uns dies vielleicht gar nicht auf?

Anregungen für Diskussionen, Projekte und zum Weiterlesen

1. Schlagen Sie Ihren Schülerinnen oder Studierenden vor, auf der Homepage der Gesellschaft für bedrohte Sprachen (https://gbs.uni-koeln.de/) zu recherchieren, warum gut ein Drittel der existierenden 6.000 bis 7.000 Sprachen als bedroht gilt. Welche Gründe werden dafür angeführt?
2. Wir reagieren empfindlich darauf, wie mit uns kommuniziert wird. Diskutieren Sie mit Ihren Schülerinnen, was sie als respektlos empfinden und wie sie sich Kritik und Lob formuliert wünschen.
3. Gut verständliche Einblicke in die Versprecherforschung und Erläuterungen zum Zustandekommen sprachlicher Fehlleistungen finden Sie in den Büchern von Leuninger (1993, 1996). Bereits die Titel (*Reden ist Schweigen, Silber ist Gold*; *Danke und Tschüs für's Mitnehmen*) lassen den Unterhaltungswert erkennen. Schülerinnen könnten auch selbst Versprecher sammeln und mit denen in Leuningers Texten vergleichen.

2 Mehrsprachigkeit

In diesem Kapitel gehen wir auf zentrale Begriffe der Mehrsprachigkeitsforschung ein, die wir später für die Diskussion von Erwerbstypen benötigen. Unser Ziel ist dabei auch, auf gängige Missverständnisse und Vorurteile hinzuweisen, welche die öffentliche Sicht auf Mehrsprachigkeit und damit die pädagogische Praxis immer noch und leider immer wieder beeinflussen. Manche Missverständnisse haben Mehrsprachige selbst verinnerlicht, z. B. die Meinung, dass sie keine ihrer Sprachen so „perfekt" beherrschen, wie es ihnen möglich wäre – so die (Fehl-)Annahme –, wenn sie einsprachig wären. Auch das Zitat von Emilia Smechowski im ersten Kapitel zeugt von der Verunsicherung und der kritischen Sicht mehrsprachiger Menschen auf ihre eigenen Fähigkeiten. Umso wichtiger ist es, pädagogische Einrichtungen von Anfang an, also schon im Bereich vorschulischer Erziehung, in die Lage zu versetzen, über Missverständnisse und hartnäckige Mythen aufzuklären.

Die Koexistenz verschiedener Sprachen ist in den meisten Ländern gesellschaftliche Normalität. Berücksichtigt man das Spektrum von Varianten, die man üblicherweise *einer* Sprache zuordnet, also Dialekte, Standardvarietäten (sofern vorhanden), gesprochene, gebärdete und schriftliche Register, so werden wir ohnehin alle im Laufe des Spracherwerbs **multilektal**. Die Verfügbarkeit eines solchen Variationsraums bezeichnet man auch als **innere Mehrsprachigkeit**. Obwohl wir in den folgenden Kapiteln Mehrsprachigkeit vor allem unter Beteiligung von unterschiedlichen Nationalsprachen wie Deutsch, Türkisch oder Englisch betrachten, sollte man das dazugehörige *innere* Varietätenspektrum im Auge behalten.

Die Verfügbarkeit mehrerer sprachlicher Systeme im individuellen Kopf bedeutet nicht, dass sie ein voneinander völlig abgeschottetes Eigenleben führen. Nachweislich aktivieren sie sich wechselseitig, vor allem im Bereich des Lexikons, und sie sind somit Teil eines übergreifenden Netzwerks. Das Hören oder Lesen von *horse* würde bei denjenigen, die regelmäßig Englisch, Französisch und Deutsch verwenden, auch deutsch *Pferd* und französisch *cheval* aktivieren. Formal ähnliche Wörter versetzen einander auch dann in eine Art Bereitschaftszustand, wenn sie semantisch nichts miteinander gemein haben, wie deutsch *Kissen* und englisch *kiss(es)*. Gleiches gilt für formal und/oder semantisch ähnliche Wörter innerhalb einer Sprache. Manchmal schaffen sie es gleichzeitig in eine Äußerung, sofern es nicht gelingt, einen der Kandidaten auszubremsen, z. B. *erlörtern*, eine Verschmelzung von *erörtern* und *erläutern*. Umso erstaunlicher ist es, wie gut Sprecher trotz wechselseitiger Koaktivierung ihrer Sprachen in der Lage sind, ihre Sprachwahl zu kontrollieren, d. h. die Produktion von Elementen der Sprache A (weitgehend) zu unterdrücken, wenn Sprache B die gerade situativ angemessenere Wahl ist. Zu den nach wie vor besonders spannenden Aufgaben der Mehrsprachigkeitsforschung gehört es daher, das Verhältnis von relativer Autonomie der zugrundeliegenden Systeme einerseits und ihre Interaktion unter Echtzeitbedingungen bei der Verarbeitung andererseits zu erklären.

2.1 Mehrsprachigkeit: total normal, dennoch in der Defensive

In der Einleitung ihres Buchs *Bilingualism*, erschienen 1989, bemerkte die Sprachwissenschaftlerin Suzanne Romaine, dass es ungewöhnlich wäre, ein Buch mit *Monolingualism* zu betiteln. Leser würden sich schließlich kaum für etwas interessieren, was sie für selbstverständlich hielten, nämlich die individuelle und gesellschaftliche *Ein*sprachigkeit als eigentlichen Normal- und Idealzustand. Diese Vorstellung ist jedoch, wie Romaine bereits damals erläuterte, ein Irrtum. Heute, drei Jahrzehnte später, wird die Normalität sprachlicher Vielfalt innerhalb einer Gesellschaft und die individuelle sprachliche **Multicompetence** (Cook 1992) von der Forschung nicht länger in Frage gestellt, aber von dieser Einsicht oder gar einer Toleranz gegenüber sprachlicher Heterogenität ist die Öffentlichkeit noch weit entfernt. Spannungen im Umgang mit sprachlicher Vielfalt zeigen sich sogar immer wieder in Ländern und Gegenden, in denen mehrere offiziell anerkannte Sprachen seit langem koexistieren (in Europa z. B. in Luxemburg, in der Schweiz, Italien/Südtirol), sich regional verteilen oder **diglossisch** eingesetzt werden, eine z. B. in offiziellen Situationen (Ämter, Schulen), andere komplementär dazu in informellen Kontexten. Debatten um Sichtbarkeit (z. B. auf Ortsschildern und in öffentlichen Dokumenten), um Maßnahmen für Erhalt und Revitalisierung (u. a. durch Unterricht) von Minoritätssprachen und lokalen Dialekten sind allgegenwärtig und keineswegs auf den Umgang mit zugewanderten Minderheiten beschränkt.

In Übereinstimmung mit der aktuellen Forschung betrachten wir Menschen als mehrsprachig, die in mehr als einer Sprache Alltagsgespräche führen können (Myers-Scotton 2006, S. 65; Grosjean 1982). Mehrsprachig kann man also auch im Erwachsenenalter werden, unabhängig davon, wie detailreich und stilistisch versiert, sofern man die oben erwähnten Alltagsgespräche führen kann. Dies klingt zwar nach einer sehr großzügigen Definition, schließt aber aus, dass jemand dank des Memorierens einiger chinesischer Grußformeln oder eines italienischen Librettos von sich behaupten kann, er beherrsche Chinesisch oder Italienisch. Mehrsprachig, wenngleich nicht „lebensweltlich mehrsprachig", wären auch diejenigen, die Texte in Sprachen lesen und verstehen, in denen man – leider – keinen Muttersprachlernern mehr begegnen kann, mit denen man Alltagsgespräche führen könnte, wie Latein, Altgriechisch oder andere „tote" Sprachen, die in den Köpfen derer, die sie sich durch Selbststudium oder Unterricht aneignen, höchst lebendig sein können.

Um im Sinne unserer Definition als mehrsprachig zu gelten, muss jemand keineswegs mehrere Sprachen **ausbalanciert**, also auf *gleichem Niveau* beherrschen oder in allen lesen und schreiben können. Ein solcher Anspruch wäre unrealistisch, zumal nicht alle Sprachen über ein Schriftsystem verfügen. Auch für Dialekte und andere mündliche Varietäten gibt es keine geregelte Orthographie, wie Sie allein schon an den dialektalen und umgangssprachlichen Beispielen in unserem Text sehen. Bilinguale müssen auch nicht alle ihre Sprachen gleichermaßen gerne sprechen. Oft – wenn nicht sogar meistens – wird eine Sprache als *stärker* (**dominanter**, weiter fortgeschritten, vom Wortschatz her differenzierter) oder als geeigneter für spezifische Themen und Zwecke empfunden. Individuelle Präferenzen und Asymmetrien können sich in Abhängigkeit von der lebensweltlichen Relevanz im Lauf des Lebens ändern. Wenn Sprachen über lange Zeit nicht zum Einsatz kommen, zeigen sich Attritionserscheinungen,[8] die sich vor allem in der Suche nach Wörtern und in Verzögerungen äußern. Im besten Fall kann die Aktivierungsschwelle durch Steigerung der Verwendungsintensität abgesenkt werden, so dass die produzierten Äußerungen wieder flüssiger klingen (Stolberg & Münch 2010).

Mehrsprachigkeit bedeutet jedenfalls, dass *ein* Kopf parallele Wissenssysteme beherbergt, die sich auf einigen oder allen der später in Kapitel 3 besprochenen Ebenen unterscheiden können. Dies schließt Dialekte ein, zumal auch diese nicht immer wechselseitig verständlich sind. Kinder, die mit einem niederdeutschen Dialekt als L1 aufwachsen, wie die beiden in Abbildung 1, müssen sich spätestens mit dem Schuleintritt **multilektale Kompetenzen**

8 Mit Attrition (wörtlich „Abnutzung") ist der allmähliche Abbau sprachlicher Fertigkeiten gemeint. Beispiele finden sich in Schmid 2011 sowie Tracy & Stolberg 2008.

aneignen, wenn sie Standarddeutsch lesen und schreiben lernen und mit bildungssprachlichen Registern und fachspezifischem Wortschatz in Kontakt kommen.

Abb. 1: Titelbild einer Broschüre des Bundesraats för Nedderdüütsch, ***Plattdüütsch in'n Kinnergoorn*** (www.ins-bremen.de)

2.2 Vorurteile und Widersprüche

Bis vor einigen Jahrzehnten waren selbst manche Sprachwissenschaftler noch der Meinung, dass frühe Mehrsprachigkeit ein Risiko für die emotionale, kognitive und soziale Entwicklung von Kindern darstellt. So lesen wir bei Weisgerber (1966, S. 77), „dass der Mensch im Grunde einsprachig ist". Er warnte vor „Störung der geistigen Entfaltung", „Einbuße der Geistesschärfe", „wachsender Trägheit des Geistes", „Erschlaffung des Gewissens insgesamt", wobei wir hier nur die blumigsten Beschreibungen des von ihm prognostizierten Desasters auflisten. Mythen ähnlicher Art, unter anderem auch Skepsis gegenüber der politischen Loyalität mehrsprachiger Menschen, erweisen sich als sehr hartnäckig und werden auch heute noch ins Feld geführt, wenn es darum geht, Bemühungen um den Erhalt und die Förderung von Minoritätssprachen im Bildungssystem zu diskreditieren.

Während sich Europa dreisprachige Bürger wünscht (Europäische Kommission 2008) und in plurilingualen Gesellschaften eine Garantie für friedliches Miteinander, wirtschaftliches Wachstum und kulturellen Reichtum sieht, finden sich im Umgang mit den bereits in der Bevölkerung vorhandenen sprachlichen Ressourcen Hilflosigkeit und Skepsis. Kritische Stimmen erheben sich vor allem dann, wenn es sich um Sprachen handelt, die im jeweiligen Gesellschaftssystem ein geringes Prestige haben. Der „monolinguale Habitus" (Gogolin 2008), kombiniert mit der Geringschätzung von Sprachen ohne offenkundigen Marktwert oder Anspruch auf den Status einer internationalen *lingua franca* und ohne schulische Lobby, ist nach wie vor lebendig (Dirim & Mecheril 2018; Wiese et al. 2020). Betroffene sind zugewanderte Familien, aber ebenso alteingesessene Minderheiten, die sich wünschen, dass ihre Kinder nicht nur die Majoritätssprache(n) bestmöglich erwerben, sondern auch ihre Herkunftssprachen und damit verbundenes kulturelles Wissen ausbauen, nicht zuletzt zur Aufrechterhaltung von Kommunikationskanälen zu Verwandten in den Herkunftsländern.

Vorbehalte gegenüber bestimmten Sprachen und ihren Sprechern lassen sich durch ein aufschlussreiches und genial einfaches Experiment, eine sog. ***Matched Guise*-Studie**, nachweisen, die in den 1960er Jahren in Kanada durchgeführt wurde (Lambert et al. 1960). Man spielte Teilnehmern an der Untersuchung Texte vor, die von Personen in zwei Sprachen vorgelesen wurden. Die Versuchsteilnehmer wussten allerdings nicht, dass sie dabei auch mehrsprachigen Individuen zuhörten, die den gleichen Text zweimal lasen, nämlich einmal in englischer, einmal in französischer Variante. Zu jeder Hörprobe sollten die Zuhörer Einschätzungen abgeben: Welche der Personen hält man für mehr oder weniger intelligent, gebildet, ehrlich, erfolgreich etc.? Studien dieser Art haben seither vielfach gezeigt, wie leicht Sprechern aufgrund des gesellschaftlichen Status ihrer spezifischen Sprachen und Dialekte positive oder negative Persönlichkeitsmerkmale zugeschrieben werden (Gärtig et al. 2010). Sprachen sind also Indikatoren und Bestandteile eines Stigmas oder eines positiven Images. Bildungswissenschaftliche Studien (Bonefeld & Dickhäuser 2018) belegen, dass schon ein auf eine familiäre Migrationsbiographie hinweisender Name ausreicht, um Arbeiten von Schülern trotz gleicher Leistung schlechter zu benoten. Interessanterweise zeigen *Matched Guise*-Studien auch, in welch hohem Maß die Urteilenden, sofern sie selbst Sprecher einer der für die Studie herangezogenen Sprachen/Dialekte sind, negative Stereotype gegenüber ihrer eigenen Sprachgemeinschaft internalisiert haben – eigentlich ein sehr nachdenklich stimmendes Ergebnis.

2.3 Halbwissen über „Halbsprachigkeit"

Eine in schulischen, vorschulischen, aber auch logopädischen und pädiatrischen Berufsfeldern immer noch virulente Sorge spiegelt sich in der Metapher der **Halbsprachigkeit** bzw. sogar einer **doppelten Halbsprachigkeit** wider. Gemeint ist eine nicht altersgemäße Sprachentwicklung, bedingt durch mehrsprachiges Aufwachsen. Die Metaphorik der (doppelten) Halbsprachigkeit führte dazu, Lernersprachen zu pathologisieren und die Mehrsprachigkeit, insbesondere, wenn es sich um prestigearme Sprachen handelte, als Schuldige zu identifizieren.

Nun sind Sprachen, wie wir mehrfach betont haben, keine Objekte, ebensowenig entsprechen sie einem perfekten Ganzen mit klar umrissenen Grenzen. Unser internalisiertes Kenntnissystem lässt sich daher nicht wie ein Kuchen portionieren. Denken wir für einen Moment an den einsprachigen L1-Erwerb: Würden wir ein vierjähriges Kind als halbsprachig bezeichnen, weil es die deutschen Kasus noch nicht in allen Facetten beherrscht? Würden wir einem Kleinkind ein Drittel seiner L1-Kompetenz absprechen, weil bei etwa 33 % seiner in einem Korpus enthaltenen Nominalphrasen ein benötigter Artikel fehlt? Wie halten wir es mit Lernenden, deren Äußerungen zeitweise dadurch auffallen, dass *überflüssige*, also *zu viele* Elemente produziert werden, z. B. durch die Doppelung von Verben (*die ham das schön gemacht hatten*, vgl. auch (1c) *wo is das Junge is* in Kapitel 1, ein Thema, auf das wir zurückkommen)? Es handelt sich dabei ja um Äußerungen, in denen Lernende ihr grammatisches Soll geradezu *übererfüllen*. Auf Phänomene dieser Art gehen wir in Kapitel 4 genauer ein.[9]

In diesem Zusammenhang spielt auch die **Schwellen-Hypothese** (*Threshhold Hypothesis*) von Cummins (2008) eine wichtige Rolle. Basierend auf Untersuchungen in Kanada gelangte er zu der Annahme, dass sich *additive*,

9 Vergleichbares produzieren wir auch als Erwachsene hin und wieder in unseren Erstsprachen als sprachliche Fehlleistung (Versprecher, Verschreiber) oder als Resultat von Umformulierungen beim Bearbeiten von Texten, vgl. aus einer Mail „gerne können Sie am Freitag mit den Unterlagen am Freitag vorbeikommen." Was solche Phänomene mit Lernerdaten eint: In allen Fällen werden prinzipiell verfügbare Positionen gefüllt.

also positive Effekte der Mehrsprachigkeit vor allem dann einstellen, wenn eine Erstsprache ein bestimmtes Niveau erreicht hat, so dass sie in ihrer Entwicklung nicht mehr ausgebremst wird, also keine *subtraktiven* Einbußen durch die Konkurrenz einer zweiten Sprache erleidet. In der Tat kann die Präsenz einer statusreichen Majoritätssprache dazu führen, dass sich eine L1 unter Minoritätsbedingungen nicht kontinuierlich weiterentwickelt – ein Aspekt, den wir in Kapitel 4 wieder aufgreifen. Dies hat allerdings nichts mit Mehrsprachigkeit *per se* zu tun, sondern mit den asymmetrischen Rollen der beteiligten Sprachen in einer Lebenswelt, in der *eine* Sprache irgendwann die Regie übernimmt und den anderen Sprachen – um in der Theater- und Filmmetaphorik zu bleiben – Nebenrollen zuweist oder überhaupt keine Bühne mehr bietet. Bei abnehmender lebensweltlicher Relevanz ist nicht nur der kontinuierliche Ausbau unterschiedlicher L1-Register unwahrscheinlich. Es leuchtet auch ein, dass sich die Verarbeitungsgeschwindigkeit, u. a. der Zugriff auf den L1-Wortschatz, verlangsamt.

Wäre dies eine Konsequenz von Mehrsprachigkeit *an sich*, sollten wir subtraktive Effekte über alle Sprachkonstellationen hinweg finden, also egal ob Majoritäts- oder Minoritätssprache oder bei ausgewogenem sozialem Status. Dies trifft aber nicht zu. Majoritätssprachen werden durch den Erwerb weiterer Sprachen nicht in ihrer Entwicklung eingeschränkt, was wir auch beim erfolgreichen Erwerb schulischer Fremdsprachen und bei erfolgreichen bilingualen Schulkonzeptionen sehen (vgl. den Überblick in Baker 2011). Auch der doppelte Erstspracherwerb von Geburt an belegt, dass ein simultaner Erwerb von mehr als einer Erstsprache problemlos möglich ist – was von der Mehrheitsgesellschaft im Fall gleichermaßen prestigereicher Sprachen (z. B. Deutsch in der Kombination mit Englisch oder Französisch) in der Regel positiv zur Kenntnis genommen wird. Dies schließt eine sprachübergreifende Interaktion in der Performanz und eine wechselseitige Beeinflussung keineswegs aus, wie wir sehen werden. Das Ausmaß dieser Interaktion hängt wiederum von spezifischen Ähnlichkeiten und Kontrasten sowie Komplexitätsunterschieden zwischen den beteiligten Sprachen und nicht zuletzt von individuellen Einstellungen ihrer Sprecher ab.

2.4 Koexistenz, Koaktivierung, Konkurrenz und Kontrolle

Glücklicherweise ist unser Gehirn kein Behälter, der überfließen könnte, wenn Neues hineinkommt. Je mehr wir wissen, desto mehr mögliche Anknüpfungspunkte und Vernetzungsmöglichkeiten gibt es. Wissenszuwachs hat aber auch seinen Preis: Wenn viele Ausdrucksoptionen zur Verfügung stehen, ist es notwendig, eine Wahl zu treffen bzw. nicht erwünschte Kandidaten, z. B. Wörter einer im jeweiligen Kontext gerade nicht angesagten Sprache, rechtzeitig zu unterdrücken. Die dafür notwendigen Verarbeitungs- und Kontrollprozesse funktionieren selbst in nur einer Sprache nicht immer reibungslos, wie wir aus der Sprachproduktionsforschung wissen (Levelt 1989). Ein mögliches Beispiel für einen Fehlgriff innerhalb einer L1 sehen wir in (1). Sowohl *Puzzleteil* als auch *Baustein* wären von ihrer Bedeutung her kontextuell angemessen. Handelt es sich in diesem spezifischen Fall um die Kombination von Teilen beider Wörter, mit dem Ergebnis einer sogenannten *Kontamination*?

(1) Das ist jetzt ein *Puzzlestein*, um den ich mich nicht mehr kümmern muss. (Kombination aus: *Puzzle*teil und Bau*stein*, Studentin nach Einreichung ihrer Masterarbeit)

Aber des einen Versprecher, mag bereits für andere ein konventionalisierter Bestandteil des eigenen Wortschatzes sein![10] Im Unterschied dazu zeigt sich in (2), der Äußerung einer bilingualen Deutschamerikanerin, deutlich ein sprachübergreifender Wettbewerb zwischen dem deutschen Verb *hoffen* und seinem kognaten (formal und semantisch verwandten) englischen Äquivalent *hope*. Wir sehen auch, dass sich die Sprecherin umgehend unterbricht und *hoffing* – von ihr offensichtlich selbst als Versprecher wahrgenommen – in zwei Anläufen repariert (Tracy & Stolberg 2008, S. 83).

(2) We are *hoff*ing äh *hoff*ing äh hoping

10 So haben wir unlängst von einer Journalistin im Rahmen eines Berichts gleich mehrfach *Puzzlestein* gehört. Wie sieht es mit Ihrer Intuition dazu aus? Wir bedanken uns bei Johanna Ernst für den *Puzzlestein*-Beleg, den sie im Rahmen einer Versprechersammlung für ein Seminar notiert hatte.

Da Wörter auch über Sprachgrenzen hinweg sowohl auf der Ebene der Bedeutung als auch der Form (phonetische und/oder orthographische Ähnlichkeit) eng vernetzt sind (⟶ 3 und 5), sind Versprecher wie *I was hoffing* erwartbar.

Klare Evidenz für die wechselseitige und vielfältige Aktivierung innerhalb eines gemeinsamen Netzwerks kommt auch aus der *Priming*-Forschung:

Bei einem **Prime** handelt es sich um einen Stimulus, durch den sich die Wahrscheinlichkeit eines Folgeverhaltens erhöht, ohne dass sich die Teilnehmer eines Experiments dessen bewusst sind.

Wenn vorher von *Arzt* die Rede war, erkennt und übersetzt man anschließend Wörter wie *Krankenschwester*, *Pfleger* und *nurse* schneller, als wenn es im Kontext zuvor um völlig andere Wortfelder ging (zum Beispiel um Fußball oder Bootsbau), durch welche nicht schon Bezeichnungen für medizinisches Personal „in Alarmbereitschaft" versetzt wurden. Das deutsche Wort *Gabel* aktiviert demnach nicht nur Wörter des gleichen Wortfelds (*Messer*, *Löffel*, *Besteck*), sondern das semantisch und formal verwandte *Gabelung* ebenso wie das nur formal ähnliche Wort *Gabe* etc. Im Fall von *Gabel* würde bei deutsch-englisch Bilingualen auch englisch *fork* aktiviert, ebenso wie indirekt *knife*, *spoon*, *silverware* (Amerikanisches Englisch) bzw. *cutlery* (Britisches Englisch). Orthographische Wörter, die zwei Sprachen angehören könnten, wie *four* im Fall von Englisch (die Zahl 4) und Französisch (für „Ofen") verlangsamen das Lesen bei Menschen, die beide Sprachen beherrschen, auch dann, wenn sie in rein englischen oder französischen Sätzen auftreten (Grainger 1993). Bilinguale müssen also lokale Ambiguitäten mit Hilfe verbaler und nicht verbaler Kontexte zeitnah auflösen, um den jeweiligen Satz korrekt zu interpretieren.

In seinem für die aktuelle Forschung immer noch wegweisenden Buch *Languages in Contact* unterschied Weinreich (1974, S. 9f.) drei Typen von **Beziehungen zwischen den Zeichensystemen** verschiedener Sprachen (Abb. 2):

- koordiniert (A, *coordinate*)
- zusammengesetzt (B, *compound*)
- untergeordnet (C, *subordinate*).

Bei Option A wären mit Wörtern wie englisch *book* und seinem russischen Äquivalent *kniga* unterschiedliche Konzepte verbunden. Weinreich zufolge läge dieser Fall vor, wenn russische und englische Bücher mit jeweils unterschiedlichen Inhalten und/oder Kontexten assoziiert würden, z. B. Romane vs. Fachtexte. Bei Typ B ist die Wortform mit einem für beide Sprachen identischen Buch-Konzept verknüpft. Russisch-englisch bilinguale Sprecher würden also an die gleiche Büchersorte denken, egal ob darauf mit *kniga* oder *book* referiert würde. Bei C verläuft die Verbindung zwischen dem englischen *book* und seiner Bedeutung über den Zwischenschritt des russischen *kniga*. Weinreich brachte diese drei Alternativen mit unterschiedlichen Erwerbsszenarien in Verbindung: Option A wäre das Resultat eines Erwerbs in unterschiedlichen Kontexten. Bei Option B wäre Erfahrung mit beiden Sprachen im gleichen Kontext wahrscheinlich, z. B. im Elternhaus, bei Alltagsgegenständen ein durchaus wahrscheinliches Szenario. Fall C resultierte aus dem typischen Vokabellernen beim Fremdsprachenerwerb mit Hilfe von Wortlisten. Für Sprecher mit der L1 Russisch, die Englisch als L2 erwerben, würde beim Hören oder Lesen des englischen Lexems *book* das Konzept erst über die Assoziationsbrücke des russischen Äquivalents *kniga* zugänglich.

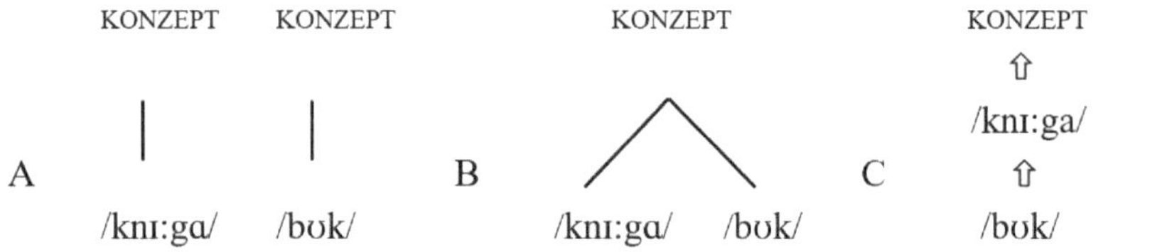

Abb. 2: Drei Arten der Sprachbeziehungen nach Weinreich (1974, S. 9f.)

Weinreichs Differenzierung weist schon in eine Richtung, die heute ausgesprochen aktuell ist, insbesondere seine Feststellung, „a person's or group's bilingualism need not be entirely of type A or B, since some signs of the languages may be compounded while others are not."[11] (S. 10). Aus Sicht der heutigen Forschung erfasst Weinreichs Differenzierung verschiedene Teilmengen eines sprachübergreifenden lexikalischen Netzwerks. Bei Kognaten (semantisch und formal identischen bzw. mindestens sehr ähnlichen, oft historisch verwandten Formen) liegt auf der Hand, warum sie das Verstehen und Übersetzen erleichtern und sich wechselseitig aktivieren. Wer bereits

11 „Die Mehrsprachigkeit einer Person oder Gruppe muss nicht vollständig A oder B folgen, da einige Zeichen der Sprachen dem zusammengesetzten Muster folgen können, andere hingegen nicht." (unsere Übersetzung)

Niederländisch beherrscht, wird Deutsch oder Englisch schneller verstehen als Russisch, Chinesisch oder Estnisch. Auf Letzteres kommen wir gleich in Kapitel 3 zurück. Doch auch ohne formale Ähnlichkeit sind Teile unseres Wortschatzes auf der Bedeutungsebene sprachübergreifend eng miteinander verknüpft, und zwar konkrete Nomen (*bottle, Flasche*) enger als Abstrakta (*acquaintance, Bekanntschaft*). Dies erklärt den schnelleren wechselseitigen Zugriff bei der Worterkennung und -übersetzung. Freilich spielt dabei auch Frequenz eine Rolle, d. h. dass unsere Worterkennung und unser Wortverstehen auch davon beeinflusst werden, wie häufig man bestimmten Wörtern überhaupt schon begegnen konnte.

In den letzten Jahrzehnten sind psycholinguistische und neurolinguistische Modelle der ein- und mehrsprachigen Sprachproduktion und des Verstehens entstanden, die zu klären versuchen, welche Verarbeitungsprozesse parallel ablaufen und welche seriell und inkrementell.[12] Klar ist, dass allein schon innerhalb nur *einer* Sprache das Ausmaß der Koaktivierung und die Notwendigkeit der Inhibierung von Kandidaten erheblich ist. Umso interessanter ist es zu fragen, was passiert, wenn die Notwendigkeit einer Sprachwahl weitgehend entfällt, wie im Fall der Kommunikation zwischen Menschen, welche die gleichen Sprachen beherrschen und regelmäßig verwenden. In Kapitel 6 werden wir sehen, warum wir unserer Überschrift zu diesem aktuellen Unterkapitel problemlos als weitere Termini **Kooperation** und **Komplementarität** hinzufügen könnten.

2.5 Transferpotential

Eine Frage, die in der Mehrsprachigkeitsforschung seit langem intensiv diskutiert wird, insbesondere im Zusammenhang mit dem Zweitspracherwerb, betrifft das Ausmaß möglichen Transfers. Sattelt eine neue Sprache generell auf den Errungenschaften bereits verfügbarer Sprachen auf (→ 4)? Im Fall ähnlicher Strukturen liefe dies auf **positiven Transfer** hinaus, bei divergierenden Strukturen hingegen läge **negativer Transfer** vor, weil in diesem Fall ein etabliertes System Neues in vorhandene Strukturen zwingt. Allerdings

12 Vgl. Levelts Modell für die monolinguale Produktion (1989) sowie im Fall der Mehrsprachigkeit Riehl (2014). Gut verständliche Überblicke über Forschungsmethoden und Ergebnisse im Bereich der Sprachverarbeitung bei unterschiedlichen Erwerbstypen finden sich in Höhle (2010) und Schimke & Hopp (2018).

stellt sich die Transferfrage auch in umgekehrter Richtung, nämlich hinsichtlich der Auswirkung einer neuen Sprache auf das System einer bereits vorhandenen. Letzteres greifen wir in Kapitel 6 wieder auf.

Als sich die L2-Forschung zunächst der Frage zuwandte, wie sich typologische Distanz und Ähnlichkeit zwischen Vorhandenem und neuen Sprachen auf den Erwerb auswirken, hoffte man, aufgrund von Kontrasten erwartbare Erwerbshürden sowie erleichterndes Transferpotential voraussagen zu können – ein aus pädagogischer Sicht wünschenswertes Forschungsziel. Aber leider bestätigte sich die intuitiv zweifellos attraktive **Kontrastivhypothese** nicht im erhofften Umfang (Lado 1957, Odlin 1989). So lassen L2-Lernende des Englischen oder Deutschen am Anfang Artikelformen aus. Wäre ihre L1 Türkisch oder Russisch oder eine andere artikellose Sprache, könnte man dies umgehend den Erstsprachen anlasten. Aber L2-Lernende mit einer L1, die über Artikel verfügt (z. B. Französisch, Italienisch oder Spanisch), verhalten sich ebenso. Ein zunächst erwarteter positiver Transfer muss nicht eintreten oder schlägt sich allenfalls in einer Beschleunigungstendenz nieder. Außerdem werden Artikel auch von Kindern ausgelassen, die Deutsch und Englisch als L1 erwerben, wie wir bereits erwähnt haben. Von daher hat das Fehlen von Artikeln oder anderen Kategorien in einer Zweitsprache vielleicht noch Gründe jenseits der Interferenz.

Die Konzepte **positiver und negativer Transfer** stammen ursprünglich aus der Lernpsychologie. Positiver Transfer besteht in der Übertragung vorhandener Kenntnisse und Verhaltensweisen auf neue Lernaufgaben, die daher zügiger und problemloser gemeistert werden. Bei negativem Transfer (*Interferenz*) hingegen blockiert oder verlangsamt Vorhandenes die Aneignung von Neuem. Die negativen Konnotationen, die sich in der Mehrsprachigkeitsforschung daraufhin mit Termini wie *Transfer*, insbesondere aber mit *Interferenz* verbanden, wurden zunehmend durch andere Bezeichnungen ersetzt, z.B durch *sprachübergreifende Interaktion* oder *Spracheneinfluss* (*cross-linguistic interaction/influence*).

Für die Forschung besteht eine grundlegende Herausforderung darin, einen interessanten Widerspruch zwischen Autonomie und Einflussnahme/Interdependenz zu klären. Einerseits sind Mehrsprachige recht gut in der Lage, bei aller Vernetzung kontextabhängig die eine oder andere Sprache zu unterbinden. Aber wie gut dies in jedem Fall gelingt, hängt auch von konkreten Ähnlichkeiten und Überlappungsmöglichkeiten ab. Bei Sätzen wie *Das kleinste Pferd war schneller als die anderen* und *The smallest horse was faster than the others* sind die syntaktischen Muster oberflächlich parallel; ebenso bei komplexen Sätzen wie *Ich glaube, das kleinste Pferd war schneller* und *I believe the smallest horse was faster.* Das Englische bleibt bei dieser Wortstellung auch dann, wenn der Nebensatz durch einen Komplementierer (die Konjunktion *that*) eingeleitet wird. Entsprechend verhält es sich im Französischen, während das Deutsche im Fall eines vorhandenen Komplementierers eine andere Wortstellung verlangt: ... *dass das kleinste Pferd schneller war.* Auf diese Besonderheit gehen wir im nächsten Kapitel ein. An dieser Stelle ist erst einmal nur folgender Gesichtspunkt von Interesse:

Wie Müller (1998) argumentiert, sollte es aufgrund teilweiser Überlappungen nicht überraschen, dass Kinder, die mit den doppelten Erstsprachen Französisch und Deutsch aufwachsen, zeitweise Strukturen produzieren wie *Ich glaube, dass das kleinste Pferd war schneller,* analog zu *Je crois que le plus petit cheval était plus vite* (vgl. die Artikel in Döpke 2000 zu ähnlichen sprachübergreifenden Phänomenen). Man bedenke aber auch, dass manche zielsprachlich abweichende Struktur vielleicht nur der Konkurrenz oder der Suche nach einer Behelfskonstruktion während der Online-Produktion geschuldet sein mag. Schließlich können bilinguale Sprecher spontan verfügbare Ressourcen kombinieren, ohne dass es dadurch zwangsläufig zu Veränderungen ihrer zugrundeliegenden Grammatiken kommen muss – eines unserer Themen in den Kapiteln 4 und 6.

Welche Faktoren über Transferpotential, mangelnden Input und zu wenig Lerngelegenheit hinaus könnten Strukturen hervorbringen, die von einer Zielsprache abweichen? Als weitere Erklärung bietet sich eine generelle Erwerbslogik an, die sich anhand eines phonologischen Beispiels leicht verdeutlichen lässt. Im Deutschen werden wortfinale Konsonanten stimmlos: *die Hunde*, aber *der Hun/t/, lieben*, aber *lie/p/* (wie in *Das ist mir lieb*). Interessanterweise scheint diese Regel des Deutschen für Lerner mit L1-Englisch unproblematisch zu sein. Umgekehrt fällt es deutschen Muttersprachlern beim Englischerwerb schwerer, stimmhafte Konsonanten (*sand, dog*) im Auslaut zu produzieren. Die Transferhypothese allein erklärt nicht, warum ein störender Einfluss seitens der L1 nur in *einer* Richtung, also in diesem Fall vom Deutschen ins Englische, erfolgen sollte, umgekehrt aber nicht.

Berücksichtigt man bei der Erklärungssuche die an der Lautproduktion beteiligten Prozesse, zeichnet sich eine plausible Hypothese ab: Stimmlose Konsonanten sind in ihrer Artikulation weniger komplex als stimmhafte, weil sie ohne Vibration der Stimmbänder auskommen. Die Auslautverhärtung ist also schlicht einfacher. Umgekehrt müssen deutschsprachige Lernende beim Erwerb von L2-Englisch eine sowohl einfachere als auch in ihrem L1-System automatisierte Auslautregel in englischen Wörtern, die im Auslaut stimmhafte Konsonanten verlangen (*thread*, *bind*, *dog*), unterbinden: eine komplexere Angelegenheit. So kann man erklären, warum es in einer Erwerbsrichtung schneller zu einem zielsprachlichen Ergebnis kommen kann als in der anderen, ohne dass man dafür Transfer als Grund bemühen muss.

In Kapitel 4 werden wir sehen, dass beim Erwerb vieler Phänomene gleich mehrere zeitliche Parameter eine wichtige Rolle spielen:

- Was ist von der Erwerbslogik her früh, weil möglicherweise *einfach* im gerade geschilderten Sinn?
- Was lernen wir aus der Erwerbsreihenfolge über Komplexität?
- Wie steht es mit dem Alter bei Kontaktbeginn mit einer neuen Sprache?
- Wieviel Kontaktzeit und damit Erwerbsgelegenheit stand überhaupt schon zur Verfügung?
- In welchen Bereichen haben wir longitudinale Lernerdaten oder wenigstens Wiederholungsmessungen, die es uns erlauben, diese Fragen zu beantworten?

2.6 Mehrsprachigkeit ist kein Nachteil

Methodisch stringente Untersuchungen im Kontrollgruppendesign (d. h. bei kontrollierten sozialen und kognitiven Hintergrundvariablen) haben mittlerweile gezeigt, dass mehrsprachige Kinder und Jugendliche beim Lösen gleicher Aufgaben keine schlechteren Ergebnisse erzielen als monolinguale und dass sie ihnen tendenziell bei manchen Aufgabenstellungen überlegen sind (Bialystok 2009a, Geist & Kraft 2019, Treffers-Daller et al. 2020).

Positive Effekte der Mehrsprachigkeit finden sich bei der Lösung metasprachlicher Aufgaben. Größere Sensibilisierung für formale Unterschiede und schnelleres Umlenken der Aufmerksamkeit bei wechselnden Aufgabenstellungen sind Merkmale, die Mehrsprachige nicht nur in der Kindheit auszeichnen. Experimentelle Studien deuten daraufhin, dass die Notwendigkeit, die eigene Sprachwahl zu kontrollieren und Interferenzen bei der Produktion zu unterbinden, das normale, also nicht pathologische, kognitive Altern, aber ebenso Demenzprozesse um einige Jahre hinauszögert (Anderson et al. 2017).

Mittlerweile lässt sich auch nachweisen, welche der von Kindern besonders früh erworbenen L1-Systemeigenschaften sich trotz intensivem Sprachkontakt als stabil erweisen (→ 4 und 6). Klar ist aber auch, dass mit einer Veränderung der lebensweltlichen Relevanz einer Sprache und dem Schwinden von Verwendungsgelegenheiten Änderungen einhergehen: vom Wandel der Dominanz und Präferenz bis hin zu den bereits erwähnten Attritionserscheinungen im Bereich der Wortfindung, im allmählichen Abbau morphologischer Paradigmen und in der Regularisierung unregelmäßiger Formen. Zugleich stellt sich immer wieder die Frage, wie tiefgreifend und unumkehrbar diese Entwicklungen sind, wenn sich die Lebenswelt ändert und die Kommunikation in lange nicht verwendeten Sprachen wieder Fahrt gewinnt.

2.7 Fazit

Idealerweise würden uns mehrsprachige Menschen den Gefallen tun, mehrfach aufzuwachsen, nämlich einmal in jedem der später in unserem vierten Kapitel beschriebenen Erwerbsszenarien, und bestenfalls natürlich noch mit jeweils unterschiedlichen Sprachkombinationen.[13] Denn damit hätten wir ein perfektes experimentelles Setting, um in Erfahrung bringen, wie sich ein Mensch mit den gleichen genetischen Voraussetzungen unter verschiedenen Erwerbsbedingungen, inklusive verschiedener Sprachen, entwickelt. Vieles wird von Zufälligkeiten abhängen: Welche Sprachen sind im jeweiligen Umfeld „in", welche zählen im Bildungssystem und werden vielleicht sogar aktiv unterstützt? Welche Chancen eröffnen sich, weil ein Unternehmen just in einem spezifischen Moment jemanden sucht, der neben Deutsch und Französisch eine bestimmte Kombination westafrikanischer Sprachen verhandlungssicher beherrscht und sich noch dazu kultursensibel verhalten kann? Welchen Einfluss haben menschliche Begegnungen, im Zuge derer wir mit neuen Sprachen in Berührung kommen, auf unsere Motivation, sie zu lernen?

13 Mit dieser amüsanten Vorstellung, einer leider unerfüllbaren Fantasie, haben wir schon einmal gespielt, vgl. Tracy & Gawlitzek-Maiwald 2000.

In diesem Kapitel wurde erläutert, was wir unter Mehrsprachigkeit verstehen. Wir haben auf gängige Missverständnisse und Vorurteile hingewiesen. Da sich Menschen normalerweise bereits im Zuge ihres L1-Erwerbs mehrere Varietäten aneignen (Dialekte, Standard, mündliche und später schriftliche Register, sofern es eine Schriftsprache gibt) und daher von früher Kindheit an **multilektal** aufwachsen, gibt es letztlich keinen absoluten Gegensatz zwischen Ein- und Mehrsprachigkeit.

Aus sprachwissenschaftlicher Sicht ist es höchste Zeit, die Jagd nach zwei Phantomen zu beenden:

1. die Suche nach dem **perfekten native speaker**, d. h. nach einer Population, die ihre Erstsprachen vollkommen beherrscht und daher den Goldstandard und eine ideale Kontrollgruppe für alle anderen Erwerbsarten darstellt, ebenso wie
2. die Suche nach nicht minder **perfekten Mehrsprachigen**, also gewissermaßen zwei *perfekten native speaker*-Phantomen in einer Person, deren Sprachen sich die Waage halten.

Die Realität ist, wie wir sehen werden, wesentlich vielfältiger. Denn selbst dann, wenn der Sprachstand aus Sicht der Forschung in den erworbenen Sprachen vergleichbar wäre, also der Idealvorstellung einer *Balance* nahekäme, so heißt dies nicht, dass Mehrsprachige selbst diese Einschätzung teilen oder dass sie ihre Sprachen jederzeit, in beliebigen Situationen, mit beliebigen Gesprächspartnern und ungeachtet der Themen gleichermaßen flüssig und bereitwillig sprechen. Obwohl wir auf viele Bereiche unseres sprachlichen Wissens keinen bewussten Zugriff haben (wie bereits erläutert), ist unser sprachliches Verhalten fundamental intentional, denn wir müssen schließlich nicht sprechen. Eben deshalb ist es auch so leicht, Schweigen als Unvermögen oder Resistenz zu deuten.

Mehrsprachigkeitsforschung ist und bleibt spannend, und unser Erkenntnisbedarf ist weiterhin groß. Unter anderem zeigt sich, dass wir die Vielfalt der Faktoren noch besser verstehen müssen, die unseren Wissenserwerb, seinen Erhalt, seinen bereitwilligen Einsatz und das Interaktionspotential vorhandener Ressourcen determinieren. Das bedeutet auch, dass wir lernen müssen, über das Denken in abgrenzbaren Schubladen (wie ein- oder mehrsprachig, *native speaker* oder nicht) hinaus Kontinua in den Blick zu nehmen, inklusive unterschiedlicher Aktivierungsgrade der einen oder anderen

Sprache, wie es Grosjean (1982) schon mit seinem Modell unterschiedlicher ***language modes*** zum Ausdruck brachte. Das heißt, dass Mehrsprachige sich in Abhängigkeit von der jeweiligen Gesprächssituation auf einer Klaviatur zwischen den Polen eher monolingualer oder eher bilingualer Verhaltensoptionen bewegen. Aus linguistischer Perspektive bedeutet dies aber keinesfalls „anything goes", weil sich die Interaktion zwischen den beteiligten Sprachen als beeindruckend systematisch herausstellt.

Mehrsprachigkeit erweist sich daher als ideales Thema an der Schnittstelle unterschiedlicher linguistischer Perspektiven und komplementärer Forschungsmethoden von Soziolinguistik, Psycholinguistik und Neurolinguistik, um nur einige prominente Teildisziplinen zu nennen. Wir lernen auch, längst Vergangenes neu zu deuten, z. B. unter welchen Kontaktbedingungen sich Sprachen im Laufe der Zeit verändern, indem Systeme konvergieren oder divergieren.

Wenn Mehrsprachigkeit als Normalfall und nicht als bedrohliche Abweichung von einem fiktiven monolingualen Idealzustand in den Blick genommen wird, eröffnen sich zugleich neue Möglichkeiten, mehr über einzelsprachunabhängige, universelle Eigenschaften natürlicher Sprachen und den harten, nicht wandelbaren Kern menschlicher Sprachfähigkeit zu erfahren, der vor allem den Spracherwerb in der frühen Kindheit ungeachtet heterogener Bedingungen so erstaunlich durchsetzungsfähig macht. Man spricht daher auch von einem *robusten* Prozess (⟶ 4). Für die pädagogische Praxis bietet diese Sicht auf Mehrsprachigkeit in mehrfacher Hinsicht Grund für Optimismus: im Hinblick auf vorhandene Kompetenzen unserer Schüler und Studierenden, an die man anknüpfen kann, und weil der Umgang mit Sprache und Kommunikation von Anfang an Teil ureigener Erfahrung ist und damit eine reiche Quelle spannender Themen für Schule und Studium.

Aufgaben

1. In einer Werbebroschüre der Firma bofrost* kann man lesen: „Crunchy Nuggets ‚Karotte-Spinat'. Außen knusprig, innen herrlich gemüsig: Genießen Sie saftige Nuggets mit Karotten, Spinat, Zwiebeln und feinem Käse in einer würzig-krossen Cornflakes-Panade. Perfekt als Snack, leckeres Fingerfood oder Beilage zu frischem Salat."

Überlegen Sie gerne selbst und/oder lassen Sie Ihre Schüler/Studierenden darüber diskutieren, was ihnen an den einzelnen Wörtern dieses Textes auffällt. Diese Aufgabe eignet sich ebenfalls für eine vertiefte Diskussion im Anschluss an Kapitel 3 und Kapitel 6 aus einem dann erweiterten theoretischen Blickwinkel.

2. An welche Phänomene denken wir, wenn wir davon sprechen, dass sich Strukturen unterschiedlicher Sprachen *überlappen*?

Anregungen für Diskussionen, Projekte und zum Weiterlesen

1. Fragen Sie Schüler/Studierende, inwieweit sie sich als ein- oder mehrsprachig wahrnehmen. Lassen Sie ermitteln, wieviele Sprachen und Dialekte im Klassenzimmer oder Seminarraum anwesend sind und worin aus Sicht der jeweiligen Mehrsprachigen besonders deutliche Unterschiede zwischen ihren Sprachen bestehen. Dazu müssen Sie sich nicht erst in sprachtypologische Forschung vertiefen, sondern es geht um eine intuive Einschätzung. Bei der Diskussion lassen sich aber gut sprachwissenschaftliche Begrifflichkeiten einführen, wie wir sie gleich in Kapitel 3 behandeln werden.
2. Wer spricht wie mit wem? Lassen Sie ihre Schüler ihr soziales Netz zeichnen (vielleicht in Form einer MindMap mit sich selbst im Zentrum) und darüber nachdenken, in welchen Sprachen/Dialekten (vielleicht auch worüber) sie mit den Personen in diesem Netz sprechen.
3. Eine humorvolle, satirische Perspektive auf gängige Vorurteile über Mehrsprachigkeit finden Sie in den Comics der Zeichnerin Nadja Hermann (hu-berlin.de/rueg_plakatserie). Sie eignen sich gut, um mit Schulklassen und Seminaren über Ideologien zu diskutieren.
4. Unterhaltsame Möglichkeiten, eigene Fähigkeiten der Unterdrückung irrelevanter Information zu testen, bietet der *Stroop-Test.* Diskutieren Sie mit ihren Schülern, was die Ergebnisse mit Mehrsprachigkeit zu tun haben könnten. Den Test finden Sie in vielen frei verfügbaren Versionen im Internet (z. B. www.brain-fit.com/html/farbenwort.html).
5. Claudia Riehl (2014) diskutiert eine Reihe von Themen, die in diesem Kapitel angerissen wurden. In Krifka et al. (2014) erhalten Sie interessante Information zu unterschiedlichen Herkunftssprachen, von denen einige mit hoher Wahrscheinlichkeit auch von Teilnehmenden Ihrer Klassen

und Seminare gesprochen werden. In Gogolin & Neumann (2009) sind unterschiedliche Perspektiven auf Mehrsprachigkeit und den Erhalt von Familiensprachen zu finden.

3 Sprache: Was wird erworben?

In diesem Kapitel konkretisieren wir, was man als **Erwerbsaufgaben** bzw. als eine *to do*-Liste für den Spracherwerb betrachten kann. Wie wir bereits unterstrichen haben, besitzen wir alle einen Fundus überwiegend unbewussten, also impliziten Wissens in unserer L1, oft auch in weiteren Sprachen. Folgend verdeutlichen wir, um welche Arten von Kenntnissen es sich handelt. Allerdings bietet das Kapitel keine fundierte Einführung in die Grammatik des Deutschen. Wir treffen für jede sprachliche Ebene lediglich eine Auswahl an Phänomenen, um die Komplexität und Vielschichtigkeit unseres Sprachwissens bestmöglich – und manchmal sicher vereinfacht – zu verdeutlichen.

Nach einigen Vorbemerkungen zur Unterscheidung von expliziten und impliziten Kenntnissen gehen wir nacheinander auf die folgenden sprachlichen Ebenen ein: Phonologie (Laute/Silben), Wörter, Morphologie, Semantik, Syntax, narrative Strukturen und Diskurse. Bei der Auswahl lassen wir uns davon leiten, was für die thematischen Schwerpunkte des Buches – also Spracherwerb und Mehrsprachigkeit – aufschlussreich ist. Wie einleitend betont: Redundanzen mit anderen Kapiteln sind nicht nur unvermeidlich, sondern gewollt.

3.1 Der indirekte Zugriff auf die Sprachkompetenz

Unter **Sprachkompetenz** verstehen wir – wie erläutert – verinnerlichtes, also mental vorhandenes Wissen, auf dessen Existenz wir anhand des Verhaltens (Produktion und Verstehensreaktionen) schließen können. Vergleichbares gibt es beim Spielen eines Instruments. Kann jemand ein Stück, ohne es jemals gehört zu haben, vom Blatt spielen, so haben wir Grund zur Annahme, dass diese Person das Notenlesen beherrscht.

Spontane Belege für abstraktes Wissen lassen sich leicht finden: Erwarten Sie, dass es *Seltennis* im deutschen Wortschatz gibt? Nein! Und wie steht es mit *Coronarastlosigkeit* oder *Coronaratlosigkeit*? Mit den von diesen Wörtern bezeichneten Zuständen und Konzepten sind Sie schon seit 2020 vertraut. Obwohl Ihnen diese komplexen Wörter in genau diesem Moment wahrscheinlich zum ersten Mal begegnen, akzeptieren Sie sie als zulässige, also wohlgeformte, Lexeme des Deutschen, die Sie problemlos interpretieren und Ihrem mentalen Lexikon hinzufügen können.

Zur Einstimmung auf das Kapitel folgt hier ein Beispiel, das uns im Folgenden immer wieder aus unterschiedlichen Blickwinkeln beschäftigen wird. Die Großschreibung weist auf betonte Silben hin.

(1) Es ist Nikolaustag. Die Familie hat fast alle Geschenke ausgepackt.
Vater: (zur Tochter 2;1) Schau mal, da liegt noch ein Päckchen vom Nikolaus.
Tochter: (packt einen Pullover aus) NEIN .... LOva Oma tikt (= Nein, den Pullover hat Oma gestrickt)

Diese Kinderäußerung weicht in mehrfacher Hinsicht von inhaltlich vergleichbaren Erwachsenäußerungen ab: in der Wortstellung, den Wortklassen, der Silbenzahl. Andererseits weiß die Zweijährige aber auch schon viel über das System der Zielsprache. Was dieses Wissen beinhaltet, verdeutlichen die folgenden Kapitel.

3.2 Phonologie

Stellen wir uns einmal vor, wir wären auf einer Reise durch die Hauptstädte Europas, liefen durch Tallinn in Estland und würden folgendermaßen angesprochen (wobei Großbuchstaben auch hier wieder betonte Silben anzeigen).

(2) TEreKUidassulLÄheb?

Wir verstünden vermutlich nichts. Doch sobald wir erfahren, dass im Estnischen Wörter (außer Lehn- und Fremdwörtern) auf der ersten Silbe betont werden (vgl. Trei et al. 2013), können wir erste Vermutungen über Wortgrenzen aufstellen, nämlich, dass die Äußerung möglicherweise aus den Wörtern in (3) oder (4) besteht:

(3) Tere kuidassul läheb
(4) Tere kuidas sul läheb

Was diese Wörter bedeuten, erschließt sich uns jedoch immer noch nicht. Um das Rätsel aufzulösen: (4) entspricht der korrekten Segmentierung, und die Äußerung bedeutet „Guten Tag, wie geht es Ihnen?“.

Nun reisen wir weiter durch Europas Hauptstädte und kommen in Amsterdam an. Dort hören wir (5), hier in Lautschrift (/x/ symbolisiert hier einen velaren Reibelaut wie im Auslaut von *Buch*).

(5) /XUdəDAXhuXA:dət/

In der niederländischen Standardorthographie sähe dies folgendermaßen aus:

(6) Goedendag, hoe gaat het?

Die Schriftversion wirkt vertrauter als das estnische Beispiel, und auch im Gehörten meinen wir einige Wörter zu erkennen. In der Tat handelt es sich um die niederländische Version von „Guten Tag, wie geht es (Ihnen)?"

Allein anhand dieser beiden Beispiele wird deutlich, dass Lernerinnen einer Sprache erkennen müssen, welche Lautkombinationen in Silben und Wortformen kanonisch sind und wie mehrsilbige Wörter betont werden. Erworben werden müssen auch längere melodische und rhythmische Verläufe der Satzprosodie und ihr Beitrag zum Erkennen der Funktion von Sätzen (Fragen, Feststellungen, Ausrufe etc.), die wir in diesem Text allerdings nicht weiter behandeln. In Abhängigkeit von bereits verfügbaren Sprachen fällt das Erschließen dieser Regularitäten in neuen Sprachen leichter oder schwerer. Transferpotential spielt dabei eine hilfreiche Schlüsselrolle, wie wir mit dem Selbstversuch von Estnisch im Vergleich mit Niederländisch gezeigt haben.

In dem Kinderbeispiel (1) sahen wir diverse Vereinfachungen der Lautstruktur. *Pullover* wurde unter Beibehaltung der betonten Silbe und des Auslauts zu [LOva] reduziert.[14] Im Fall von *gestrickt* entfiel das Präfix *ge-* und die Konsonantenhäufung <str> am linken Silbenrand wurde durch einen Verschlusslaut ersetzt: das Ergebnis war [tikt]. Mehr zu solchen systematischen Vereinfachungen folgt in Kapitel 4.

14 Damit entspricht *LOva* dem präferierten Muster für zweisilbige deutsche Wörter, mit der Betonung auf der ersten Silbe.

3.3 Wörter

3.3.1 Allgemeines zum Wortschatz

Wörter sind vermutlich diejenigen Einheiten, an die wir zuerst denken, wenn es darum geht, sich eine neue Sprache anzueignen. Im linguistischen Sinne handelt es sich dabei um Lautsequenzen oder um Gebärden bzw. um Schriftzeichenfolgen, die mit einer Bedeutungseinheit und dem Wissen um ihren syntaktischen Status verbunden sind (vgl. Fuß & Geipel 2018, LinguS 1). Wörter sind **bilaterale Zeichen**, bestehend aus Bezeichnendem und Bezeichnetem. Noch genauer betrachtet müssen wir mindestens folgende Arten von Wissen unterscheiden:

1. Sprachunabhängige mentale Repräsentationen, d. h. Konzepte, die es erlauben, Objekte, Ereignisse und Zustände zu kategorisieren und wiederzuerkennen.[15] Beispielsweise erkennen wir viele Vogelarten, auch wenn wir ihnen keine Bezeichnung zuordnen können, egal von welcher Seite wir sie sehen, ob in der Realität oder auf einem Foto.
2. Teilmengen von (1.), die wir als Wortbedeutung in unserem mentalen Lexikon speichern. Wir wissen eine Menge über Schwäne, aber nur eine Teilmenge davon ist nötig, um die *Wortbedeutung* von *Schwan* von anderen Vogelbezeichnungen zu unterscheiden. Viele Menschen wissen vielleicht nicht, dass es schwarze Schwäne gibt, d. h. die Eigenschaft WEISS[16] wäre für sie ein notwendiges Merkmal der Wortbedeutung von *Schwan*. Manchen bleibt ein Leben lang unbekannt, dass Pinguine Vögel sind, allerdings – ebenso wie Strauße – keine prototypischen.
3. Kenntnis der formalen Eigenschaften einer Wortform, die mit (2.) verbunden ist (Lautstruktur, Morphologie, Wortklasse und syntaktische Einsatzfähigkeit).

Manche Wortformen sind ambig, d. h. trotz identischer Lautung (Homophonie) und/oder Schreibung (Homographie) sind sie mit unterschiedlichen Bedeutungen/Konzepten verknüpft, wie im Fall von [baŋk] in (7). Das heißt, es handelt sich um die Beziehung **eine Wortform – mehrere Bedeutungen**.

15 Mentale Repräsentationen dieser Art sind auch nicht nur menschlichen Gehirnen vorbehalten.

16 Wir kennzeichnen Konzepte durch Kapitälchen.

(7) Max: (zu Moritz) Treffen wir uns in 20 Minuten bei der Bank!
Max wartet an einer Bank im Park, Moritz hingegen vor der Sparkasse einige Straßen weiter.

In (8) hingegen wird trotz verschiedener Ausdrücke, *Weg* und *Strecke*, auf Gleiches referiert. In diesem Fall besteht also die Relation **ein Konzept – viele Wortformen**.

(8) Max: Lass uns denselben Weg zurückgehen.
Moritz: Ach nein, den mochte ich nicht, suchen wir lieber eine neue Strecke.

Bei der Verwendung von Pronomen zeigt sich eine weitere Herausforderung: Personalpronomen wie *ich* und *du* wechseln ihre Referenz ständig im Gespräch, kodieren also die Sprecher- bzw. Angesprochenenrolle, und die erste Person Plural *wir* kann Zuhörende ein- oder ausschließen. In Abbildung 3 bezieht sich das Pronomen *ich* im linken Bild auf den Schüler, im rechten auf die Lehrerin; dort verweist das Pronomen *du* auf den Schüler.

Abb. 3: Dialogbeispiel für Pronomenverwendung

Ebenso verändern temporale und lokale Ausdrücke ihre Bezugspunkte in Abhängigkeit vom Zeitpunkt und Ort des Mitteilens. Denken Sie an eine Textnachricht wie „Ich bin schon hier, wo bist du?“ auf Ihrem Mobiltelefon oder an einen Aushang mit der Nachricht „Zurück in 5 Minuten.“

Wir haben mithilfe der Beispiele oben bereits drei Wortklassen hervorgehoben: Verben, Nomen und Pronomen. Generell unterscheidet man offene und geschlossene Wortklassen. Zu den offenen Klassen gehören Nomen, Verben,

Adjektive und Adverbien, zu den geschlossenen Pronomen, Artikel, Konjunktionen und Präpositionen. „Offen“ bedeutet, dass wir diesen Klassen ständig neue Wörter hinzufügen können, vgl. die Beispiele in (9) und (10). Dabei handelt es sich um Wörter, die das Leibniz-Institut für Deutsche Sprache für die Jahre 2018 bis 2020 als neu etabliert gelistet hat. Wörter der geschlossenen Klassen finden sich in dieser Liste nicht. Wollten wir versuchen, Formen wie in (11) einzuführen, würden wir eher wenige Nachahmerinnen finden.

(9) Meme, Walk-in-Dusche, twerken, ...
(vgl. IDS, https://www.owid.de/ 30.8.2019)

(10) Identitärer, In-Vitro-Fleisch, Nachtwächterwanderung, ...
(vgl. IDS, https://www.owid.de/artikel/408226 2.1.2021)

(11) *dos (neues Demonstrativpronomen), em (neues Personalpronomen)[17]

In Kapitel 4 werden wir sehen, welche Wortklassen besonders gute Einblicke in den Erwerbsprozess und den jeweiligen Entwicklungsstand von Sprachlernerinnen eröffnen.

Über die Speicherung von Wortbedeutung und Wortform und deren Verbindung hinaus stellt die Entdeckung der wortinternen Struktur eine Erwerbsaufgabe eigener Art dar. Es gibt viele Wörter, die aus einem einzigen bedeutungstragenden Element bestehen, also sogenannte *freie* Morpheme sind, vgl. die einfachen Wörter (Simplicia) in (12). Werden zwei oder mehr freie Elemente zu einem neuen Wort verknüpft, spricht man von Komposita, vgl. (13) und (14).

(12) Kaffee, Maschine, Pulver, hin, durch, sehen
(13) Kaffeepulver, Kaffeemaschine, hindurch, hinsehen
(14) Kaffeemaschinenkaffeepulver, hindurchsehen
(15) Verbindung, ungleich, Eitelkeit ...

Die Beispiele in (15) bestehen auch aus zwei oder mehr Elementen, unterscheiden sich aber insofern von den Komposita, als einige Bestandteile (*ver-*, *un-*, *-keit*, *-ung*) nicht alleine stehen können, d. h. nicht *wortfähig* sind. Es

17 Dies ist einer der Gründe, warum es so schwierig ist, im Deutschen genderneutrale Pronomen zu etablieren; zu soziolinguistischen Überlegungen vgl. https://www.jetzt.de/gender/welches-pronomen-benutzt-man-bei-menschen-die-sich-weder-als-mann-noch-als-frau-definieren (27.06.2023).

handelt sich um **gebundene Morpheme**, die an dem Wortbildungsprozess – der **Derivation** – beteiligt sind (vgl. Fuß & Geipel 2018).

Für Lernerinnen sind komplexe Wörter in mehrfacher Hinsicht eine Herausforderung. Sie müssen die formalen Bauprinzipien der jeweiligen Zielsprache für diese Wörter entdecken und dafür benötigen sie hinreichenden Input. Zum anderen stellt auch die Interpretation eine Hürde dar. Auf der Basis von (16) könnte man annehmen, dass das jeweils erste Element die essenzielle Zutat für die Herstellung des zweiten bezeichnet. Doch die komplexen Wörter in (17) zeigen, dass dies nicht generell der Fall sein kann. *Babyöl* wird nicht aus Babys hergestellt, und ein *Kinderkaufhaus* (ver-)kauft keine Kinder. Unser Weltwissen und unser gesunder Menschenverstand müssen zuhilfe genommen werden, um abwegige Interpretationen möglichst auszuschließen. Aber dieses Weltwissen muss man sich erst einmal aneignen können.

(16) Olivenöl, Sojaöl, Rapsöl, Schafskäse, ...
(17) Babyöl, Kinderkaufhaus, ...

3.3.2 Flexion

In flektierenden Sprachen wie dem Deutschen werden Wörter nicht nur durch Wortbildung komplex. Dies geschieht auch durch die Verbindung mit anderen *gebundenen* Morphemen, den **Flexiven**. Mit Hilfe der Flexion werden Wörter ihrem syntaktischen Kontext angepasst, aber es werden keine neuen, in ihren Grundbedeutungen veränderten Lexeme erschaffen, vgl. (18) bis (21).

(18)

ich		-e
du		-st
er/sie/es	geh-	-t
wir		-en
ihr		-t
sie		-en

(19) Sie mal-t ein-en groß-en Hase-n
Sie mal-t d-en groß-en Hase-n
Sie mal-t ein-e klein-e Maus
Sie mal-t d-ie klein-e Maus
(20) Die Frau sieht den Mann.
(21) Der Mann sieht die Frau.

Die Beispiele in (18) zeigen die Verbflexion im Präsens, in der die Verbform mit dem jeweiligen Subjekt in Person (1., 2., 3.) und Numerus (Singular vs. Plural) kongruieren muss. In der Vergangenheitsform würde im Fall eines regelmäßigen Verbs wie *malen* ein entsprechendes Tempus-Morphem eingefügt: *du mal-te-st.*

Die Auswahl in (19) illustriert die Nominalflexion, durch die im Deutschen neben dem Numerus sowohl grammatisches Genus als auch Kasus angezeigt wird. Nomen, Artikel und pränominale Adjektive, die gemeinsam in einer Nominalphrase auftreten, müssen kongruent flektiert werden. Verkompliziert wird das System dadurch, dass die gleiche Form für unterschiedliche Kasus-, Genus- und Numerusmerkmale verwendet wird. So ist *die Frau* in (20) Nominativ, in (21) aber Akkusativ, während sich die Nominativform in (21) und die Akkusativform in (20) von *Mann* durch die unterschiedlichen Artikel klar unterscheiden. Überhaupt ist *den* die einzige Artikelform im Singular, die ein Wort eineindeutig als maskulin erkennen lässt. Es ist also keineswegs überraschend, dass sich die morphologischen Feinheiten der deutschen Flexion von Lernenden nicht leicht erschließen lassen und dass es auch für die Forschung und in der pädagogischen Praxis nicht einfach ist, dem individuellen Lernsystem auf die Spur zu kommen.

Im Anfangsbeispiel, *LOva Oma tikt,* hat die zweijährige Sprecherin noch nicht entdeckt (bzw. noch keine Folgerungen für die Produktion daraus gezogen), dass das Partizip von *stricken* mit dem Präfix *ge-* und dem Suffix *-t* ein *Zirkumfix* bildet, das den Stamm umschließt. Sie bringt aber bereits durch das Suffix *-t* zum Ausdruck, dass die Handlung des Strickens in der Vergangenheit liegt. Eines Vergangenheitsbezugs können wir sicher sein, weil der Pullover gestrickt vorliegt und keine Oma anwesend ist, die im Moment des Auspackens strickt.

3.3.3 Wortsemantik

Auf die Frage, was Wörter bedeuten, gibt es vielerlei Antworten. Man könnte annehmen, dass Nomen für Dinge (inklusive Lebewesen), Verben für Ereignisse und Aktivitäten, Adjektive für Eigenschaften und Zustände stehen. Auch ohne langes Nachdenken, fallen uns jedoch sofort Wörter wie *Glück, Einsicht, Angst* ein, ebenfalls Nomen, die auf mentale Zustände referieren. Ebenso gibt es Verben, die keine Aktivitäten, sondern Zustände bezeichnen (*glauben, fühlen, schlafen, wissen*). Auch bei den anderen Wortarten ist es unmöglich, eine semantische Beschreibung zu finden, die für alle Mitglieder einer Wortklasse gilt. Bedeutung kann auch kein mentales Bild von Konzepten sein, denn manche könnten wir nicht visualisieren, z. B. Oberbegriffe wie *Spezies, Gemüse, Farbe.* Die Identifikation der Bedeutung von Wörtern ist also keineswegs trivial, und es ist leicht nachzuvollziehen, dass die Erschließung von Formen und Bedeutungen und ihrer Zusammenführung in hohem Maß von der Erfahrung abhängt, d. h. von der Begegnung mit Wörtern in relevanten Kontexten.

Wörter sind, wie wir bereits in Kapitel 2 betont haben, innerhalb einer Sprache und über Sprachgrenzen hinweg in semantische und formale Netzwerke eingebunden. Wortbedeutungen lassen sich nach Ähnlichkeiten und Gegensätzen zu anderen auch in Taxonomien erfassen, die hierarchische Relationen im Sinne von „das ist eine Art von" ausdrücken. Fellbaum (1990) vergleicht die Struktur, in der Nomen abgespeichert sind, mit Bäumen, d. h. es gibt viele Untergruppen wie in Abbildung 4, während die Netzwerke für Verben eher Büschen oder Sträuchern gleichen (Abb. 5).

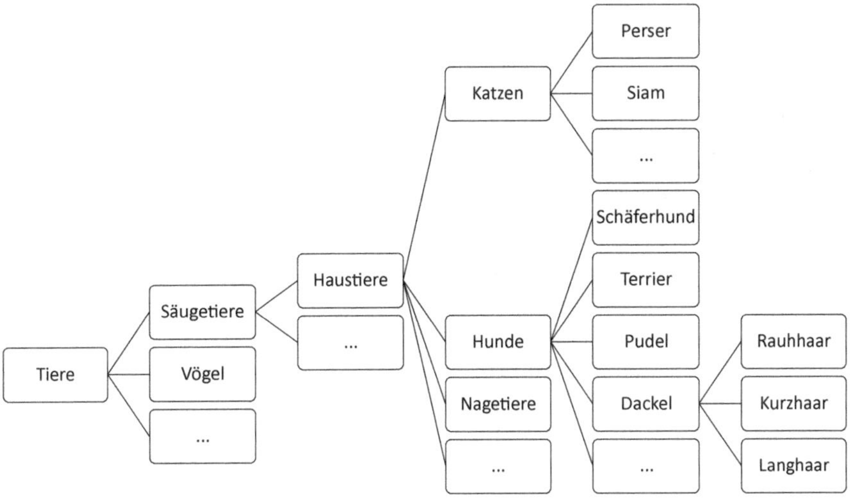

Abb. 4: Taxonomiebeispiel Nomen

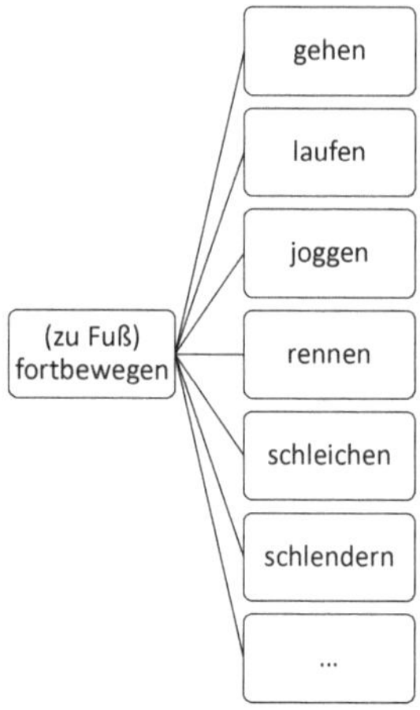

Abb. 5: Taxonomiebeispiel Verb

Die Bedeutung von Verben zu kennen, bedeutet auch zu wissen, wieviele und welche **thematischen Rollen** (auch: **Argumente**) nötig sind, um einen kanonischen Satz zu bilden. Tabelle 1 zeigt eine Auswahl deutscher Satzmuster und führt die dazugehörigen Argumentstrukturen anhand jeweils eines Beispiels auf. Beispiel (a) illustriert einen Satz mit ditransitivem Verb, d. h. er enthält neben dem Subjekt zwei Objekte. In den Sätzen (b) bis (d) sehen wir transitive Verben mit jeweils einem Objekt. Das Verb bestimmt nicht nur die Anzahl der Objekte sondern auch deren Kasus: *helfen* in (b) fordert den Dativ, *planen* und *sehen* in (c) und (d) den Akkusativ. Dass das Wissen über die Anzahl der Objekte und den dazugehörigen Kasus für eine korrekte Interpretation noch nicht ausreicht, zeigt der Kontrast zwischen (c) und (d). In (c) ist das Subjekt (Sina) **Agens**, d. h. die Planende. Das Objekt (*der Neubau*) ist **Patiens**: etwas von Sina Erschaffenes. In (d) hingegen ist das Subjekt Betrachter (hier: **Experiencer**) und das Objekt **Thema**, etwas Wahrgenommenes, das von Paul nicht hergestellt wurde. Verben wählen ihre Argumente also auch nach semantischen Kriterien. In (f) liegt insofern ein besonderer Fall vor, als dem Pronomen *es* keine thematische Rolle zukommt. Semantisch ist *es* leer und übernimmt lediglich die syntaktische Platzhalterfunktion eines Subjekts.[18]

18 Auf Platzhalter, die bei manchen Lernerinnen zeitweise eine wichtige Funktion im Erwerbsverlauf übernehmen, gehen wir in Kapitel 4 ein.

Beispielsatz	**Semantische Argumente**	**Subjekt**	**Akk.-Objekt**	**Dat.-Objekt**
(a) Anja gibt ihm ein Buch	3	✓	✓	✓
(b) Petra hilft ihm	2	✓	–	✓
(c) Sina plant den Neubau.	2	✓	✓	–
(d) Paul sieht den Neubau	2	✓	✓	–
(e) Die Kinder schlafen.	1	✓	–	–
(f) Es schneit.	0	✓	–	–

Tab. 1: Beispiele für Verben, benötigte Argumente und syntaktische Positionen

Über diese grobe Klassifikation von Verben hinaus gibt es viele semantische Beschränkungen dahingehend, welches Verb mit welcher Art von Argument kombiniert werden kann. Und natürlich können sich Sprachen diesbezüglich unterschiedlich verhalten. Im Englischen kann beispielsweise die thematische Rolle **Lokativ** (eine Ortsangabe) bei Verben wie *sleep* zum Subjekt werden (*This room sleeps three* = In diesem Zimmer können drei Personen schlafen). Im Deutschen geht das nicht (**Dieses Zimmer schläft drei*).

Beim Sprachvergleich zeigen sich viele Fälle, in denen es keine Eins-zu-eins-Übersetzung von Wörtern gibt. Tabelle 2 illustriert dies anhand von Leisis Kontrastierung von Fabelwesen im Deutschen und Englischen (Leisi 1985, S. 102).

Deutsch	Hexe	Fee	Elfe	Kobold
Englisch	hag	witch	fairy	elf

Tab. 2: Fabelwesen Deutsch-Englisch kontrastiv

Pavlenko (2009, S. 139) diskutiert *privacy* und *personal space*, englische Bezeichnungen und Konzepte, für die es im Russischen keine Entsprechungen gibt: weder als Lexikalisierung noch als Konzept. Dies führt dazu, dass bilinguale englisch-russische Sprecherinnen, die in Russland leben, diese englischen Wörter zwar definieren können, sich aber hinsichtlich ihrer Verwendung unsicher fühlen. Bilinguale Sprecherinnen, die in den USA leben, hingegen verfügen über die Konzepte und versprachlichen sie durch russische Übersetzungen englischer Formulierungen wie etwa *he is invading her solitude.*

3.4 Syntax

Für einen erfolgreichen Spracherwerb reicht es nicht aus, Wörter oder Kollokationsmuster zu kennen. Vielmehr müssen wir daraus sinnvolle und grammatisch wohlgeformte (kanonische) Phrasen und Sätze konstruieren und mit den benötigten Flexiven versehen. Phrasen verfügen über ein semantisch und/oder funktional zentrales Element, den sogenannten **Kopf**, vgl. die Beispiele in (22) und (23), in denen die Köpfe jeweils durch Unterstreichung hervorgehoben sind.[19]

(22) Nominalphrasen (NP):
die Studentin der Mathematik; sie; ein kleines, grünes Auto

(23) Verbalphrasen (VP):
schlafen; mit Freunden Pizza essen; den Schlüssel verlegen

Die Funktion der Satzglieder wird entweder durch die Satzstellung (wie im Englischen) oder die Flexion (wie im Deutschen) kenntlich gemacht.[20]

Wie Tabelle 3 zeigt, steht das finite Verb im Hauptsatz typischerweise in der zweiten Position, in der sogenannten linken Satzklammer (LSK). Nicht finite Verben hingegen (Infinitive, Partizipien) und die abtrennbaren Partikeln von Verben (z. B. *weg, auf, rein*), treten im Hauptsatz in der Verbletztposition auf,

19 Wir ignorieren hier Beschreibungsansätze mit Artikeln als Köpfen von Determiniererphrasen (DPs). Als weiteren Phrasentyp sieht man in (23) eine Präpositionalphrase: *mit Freunden.*

20 Ausführliche Information zur deutschen Syntax findet sich in Bd. 5 (Geilfuß-Wolfgang & Ponitka 2020) und Bd. 13 (Averintseva-Klisch & Frömel 2022) der LinguS-Reihe. Eine gut verständliche Orientierungshilfe für eine systematische Erfassung der deutschen Syntax bietet das topologische Feldermodell (Gallmann 2015, Dudenredaktion 2016, Wöllstein 2010, 2015), auf das wir uns in diesem Band stützen.

der rechten Satzklammer (RSK). Das Vorfeld des Hauptsatzes – die Position vor LSK – kann leer bleiben, z. B. beim Ja/Nein-Fragesatz (*Kommst du mit?*). Noch vor dem Vorfeld findet sich eine Vor-Vorfeld-Position für satzverknüpfende Elemente, z. B. *und, oder, denn, sondern, aber.*

Vor-Vor-feld	**Vorfeld**	**LSK**	**Mittelfeld**	**RSK**	**Nachfeld**
und,	(a) alle	wollten	gern ___ Texte von Max	vorlesen	
denn,	(b) alle	haben	gern ___ Texte _____	vorgelesen	von Max
aber …	(c) alle	lasen	gern ___ Texte von Max		
	(d) Texte von Max	lesen	alle gern _____	vor	
	(e) Was	lesen	alle gern _____	vor?	
	(f)	Lesen	alle gern Texte von Max	vor?	
	(g)	dass	alle gern Texte von Max	vorlesen	
	(h) was	___	alle gern _____von Max	vorlesen?	

Tab. 3: Topologische Analyse deutscher Haupt- und Nebensätze

Die Beispiele (a) bis (c) in dieser tabellarischen Zusammenstellung illustrieren die verschiedenen Stellungsoptionen von Verben in Hauptsätzen: Finite Verben stehen in der linken Satzklammer, nicht finite in der rechten. In (d) bis (f) sehen wir, dass nicht nur das Subjekt im Vorfeld stehen kann, sondern eigentlich jede Konstituente des Satzes. Wir hätten also auch Beispiele wie *Besonders gern lesen alle Texte von Max vor* notieren können. In Entscheidungsfragen (f) bleibt das Vorfeld leer. Wenn wir versuchen, unser Anfangsbeispiel *LOva Oma tikt* in das topologische Feldermodell einzugliedern, würden wir *tikt* der rechten Satzklammer zuordnen und annehmen, dass das direkte Objekt *LOva* über das Subjekt *Oma* in eine prominente Position nach links verschoben wurde.[21]

21 In Kapitel 7 zitieren wir vergleichbare Kinderäußerungen, u. a. *DAS Papa wieder neu machen,* in denen das Verb in der RSK morphologisch deutlicher als nicht finit zu erkennen ist als *tikt.*

Die Beispiele (g) und (h) illustrieren die Asymmetrie zwischen Haupt- und Nebensätzen. In eingeleiteten Nebensätzen bleibt das finite Verb in der rechten Satzklammer, denn entweder nimmt eine Konjunktion die linke Satzklammer ein oder diese bleibt leer, sofern ein Relativpronomen das Vorfeld besetzt. Wichtig ist, dass sich die Position nicht finiter Verben und trennbarer Partikel nicht ändert. Unabhängig vom Status als Haupt- oder Nebensatz sind sie Teil der rechten Satzklammer.[22]

Nebensätze, die als Komplemente von Verben des Sagens und Denkens auftreten (24), benötigen keine Konjunktionen. In diesen Fällen rückt das finite Verb, wie im Hauptsatz, in die Verbzweitposition auf. Manche satzeinleitenden Konjunktionen (*weil, obwohl, wobei*), lassen auch Verbzweitstellungen zu, so dass man ihren Nebensatzstatus in Frage stellen kann (Antomo & Steinbach 2010, Reis 2013). Diese Optionen finden sich überwiegend im mündlichen Sprachgebrauch (vgl. Freywald 2016, Antomo & Steinbach 2010), aber es gibt auch schriftliche Belege, wie das im ids-Korpus belegte (25).

(24) Ich denke, sie *hat* das genau richtig gemacht.

(25) Bei der Tiefgarage unter dem Residenzplatz habe es doch auch geklappt, sagte er, weil das müsse jetzt schon auch einmal gesagt werden. (*Nürnberger Nachrichten*). (zitiert von ids http://mediawiki.ids-mannheim.de/VarGra/index.php/Verbzweitstellung_nach_weil,_obwohl,_w%C3%A4hrend,_wobei, 1.2.2020, kursiv im Original)

In den folgenden beiden Kapiteln wenden wir uns Einheiten zu, die größer als der Satz sind, bevor wir dann (⟶ 3.7) kurz auf spezielle Herausforderungen beim mehrsprachigen Erwerb eingehen.

3.5 Diskurse

Komplexität endet nicht an Satzgrenzen. Entsprechend muss gelernt werden, wie Sätze so verknüpft werden, dass Zuhörerinnen Gedankengängen folgen und relevante Zusammenhänge erschließen können. In Abhängigkeit von der jeweiligen Textsorte sind in mündlichen oder schriftlichen Registern unterschiedliche Verknüpfungsoptionen gefragt. Temporale Ver-

22 Partikeln finden sich allenfalls als Teil eines topikalisierten Verbs im Vorfeld (*Aufmachen sollst die Tür!*) oder als zitierte Form wie in „*Auf*“ *habe ich gesagt, nicht* „*zu*“.

bindungen mit *und dann* sind typisch für informelles mündliches Erzählen von Ereignissen, während in schriftlichen, kontrollierter verfassten Texten, Sätze differenzierter verbunden werden (*nachdem, schließlich, in Anbetracht des bisher Gesagten, übereinstimmend mit derartigen Überlegungen, ...*). Letzteres spiegelt auch genre- und registerbezogene Schreibkonventionen und -instruktionen wider (Nacherzählung, Bildbeschreibung, Märchen, Sachbericht, Predigt, Vertrag etc.) und damit die Erfahrung mit unterschiedlichen Textsorten (→ 5).

Diskurse zeichnen sich durch eine Vielzahl **kohäsionsstiftender Mittel** aus, u. a. durch deiktische Rückwärts- und Vorwärtsverweise in Form von Artikeln und Pronomen, welche eine Rekonstruktion satzübergreifender referenzieller Zusammenhänge ermöglichen. Bestimmte Artikel und Pronomina (A: *Ich habe einen Kuchen gebacken. Willst du den Kuchen/den/ihn mal probieren?*) verweisen auf zuvor Erwähntes (in diesem Fall auf EINEN KUCHEN). Gleichermaßen deiktische Funktionen erfüllen bereits im Zusammenhang mit der Wortsemantik erwähnte temporale und lokale Ausdrücke, z. B. (*heute, hier, dort*), die innerhalb eines Textes/Diskurses auf bereits erwähnte oder erschließbare Gegebenheiten referieren. Über satzübergreifende formale Merkmale von Texten hinaus geht es dabei auch um den Erwerb von mündlichen und schriftlichen narrativen und argumentativen Kompetenzen, die unser Leben lang eine wichtige Rolle bei der Konstruktion kulturell geteilter sowie individueller Identität und Erinnerung spielen.

3.6 Pragmatik

Bisher haben wir uns in diesem Kapitel auf eine Auswahl struktureller und semantischer Aspekte konzentriert und pragmatische, situationsabhängige Bedingungen der **Sprach*verwendung*** weitgehend ausgeblendet.[23] Kommunizieren bedeutet Handeln, und im Verlauf des Spracherwerbs lernen wir zu erkennen, wie unterschiedliche Sprechhandlungen (Behauptungen, Anweisungen, Fragen, Versprechen etc.) in unseren Zielsprachen ausgedrückt werden und wie direkt oder indirekt man dies tun sollte, um Gesichtsverletzungen anderer zu vermeiden und eigenen Gesichtsverlust zu verhindern. Im Deutschen wählen wir beispielsweise in Abhängigkeit

23 Für eine ausführliche Behandlung der Pragmatik vgl. LinguS 11 (Börjesson & Laser 2022).

von Vertrautheit, Status und Alter bei der Anrede unsers Gegenübers *du* oder *Sie*. Wie bereits in Kapitel 1 angesprochen, verlassen wir uns auch auf die Fähigkeit unserer Gesprächspartnerinnen, trotz scheinbar unpräziser Fragen oder Antworten das Gemeinte zu erschließen. Wir erinnern an die Beispiele unseres ersten Kapitels (*Ich suche den Jungen Werther. Goethe finden Sie im Untergeschoss.*).

In Bezug auf die Kinderäußerung *NEIN (.) LOva Oma tikt* haben wir in den vergangenen Abschnitten gesehen, wie das Kind Wörter phonologisch und morphologisch vereinfacht. Die Äußerung lässt sich syntaktisch in das topologische Feldermodell eingliedern, auch wenn ihr zielsprachliche Elemente fehlen, etwa ein finites Auxiliarverb oder Artikel. Wenn wir diese Äußerung jetzt noch aus pragmatischer Perspektive betrachten, wird deutlich, dass die Sprecherin ihrem Vorredner mit ihrem *NEIN* und ihrer faktischen Korrektur – die Entstehung des Pullovers ist der Oma zu verdanken, nicht dem Nikolaus – deutlich widerspricht. Wir gewinnen also trotz noch nicht voll ausgebildeter formaler Mittel einen guten Einblick in ihre pragmatische Kompetenz.

3.7 Herausforderung Mehrsprachigkeit

Worin bestehen nun spezifische Erwerbsaufgaben für Mehrsprachige? Sie müssen das, was in den letzten Kapiteln beschrieben wurde, für alle ihre Sprachen leisten. Dazu müssen sie erst einmal erkennen, dass sie mit unterschiedlichen Sprachen konfrontiert sind. Diese Erkenntnis fällt bei Sprachen wie Deutsch und Estnisch leichter als bei sehr ähnlichen Sprachen, wie im Fall von Deutsch und Niederländisch.

Sprachen können auf allen oben beschriebenen linguistischen Ebenen variieren, z. B. in melodischen und suprasegmentalen Eigenschaften, in der Anzahl und Art der Phoneme und in Bezug auf mögliche Lautkombinationen. So ist die Kombination der Laute /k/ und /n/ in deutschen Anlauten überhaupt kein Problem, vgl. *Knie*, *Knopf*. Im heutigen Englisch hingegen gibt es diese Konsonantenkombination nicht. Das Graphem <k> entspricht der historischen Schreibung und früheren Aussprache, bleibt aber stumm, vgl. *knee* /niː/, *know* /nəʊ/.

Wie wir bereits zu Beginn des Kapitels betont haben, finden wir auch in uns unbekannten Sprachen vertraute Wörter, die als Entlehungen übernommen wurden. Abbildungen (6) und (7) illustrieren dies.

Abb. 6: Ankündigungen am Olympiamuseum in Tartu Estland

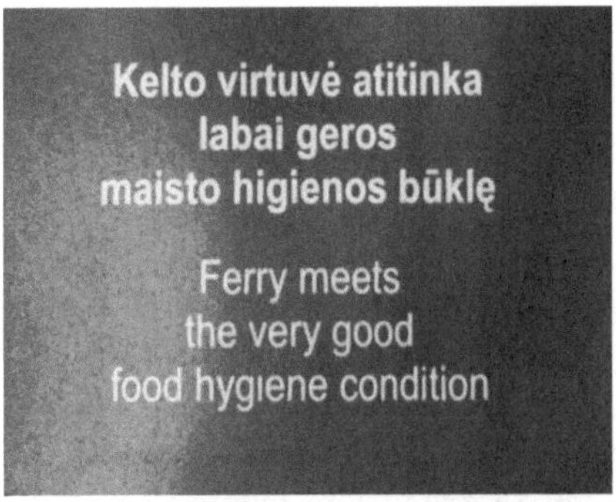

Abb. 7: Hinweisschild auf einer lettischen Fähre

In Abbildung (6) können Sie sicher das Wort <spord> identifizieren. Auch <Olümpia> und <muuseum> sollten sich Ihnen sofort erschließen. In Abbildung (7) können Sie vermutlich nur das Wort <higienos> erkennen. Diese Unterschiede hängen damit zusammen, zu welcher Sprachfamilie die Sprachen gehören und wieviele Lehnwörter sie aus uns bekannten Sprachen in ihren Wortschatz übernommen haben.[24]

Sprachen unterscheiden sich darin, ob sie Flexionssysteme haben, wie differenziert diese sind und was genau sie signalisieren (Subjekt-Verb-Kongruenz, grammatisches und/oder natürliches Genus, Kasus, Numerus, Tempus, Aspekt etc.) und welche Wortbildungstypen verfügbar sind. Deutsch ist berühmt für komplexe Komposita wie *Stadtverordnetenversammlung*. Französisch nutzt zwar ebenfalls Derivation, den deutschen Komposita entsprechen aber eher phrasale Strukturen, vgl. (26).

(26) Schiffsreise – voyage en bateau
Vergnügungsreise – voyage d'agrément

Auf der Ebene des Satzbaus müssen Lerner entdecken, ob die Köpfe einer Phrase rechts oder links von ihren Objekten auftreten, wie hier die nicht finiten Partizipien *gesehen* und *seen*.

(27)	Ich habe	[das Buch gesehen]	I have	[seen the book]
		Obj. V		V Obj.

Das Türkische zeigt über Haupt- und Nebensätze hinweg die gleiche Abfolge wie das Deutsche im Nebensatz. Französisch verhält sich wie Englisch (*j'ai lu le livre*), würde aber bei einer Pronominalisierung des Objekts das (klitische) Pronomen vor das Hilfsverb setzen (*je l'ai lu*).

Im Deutschen und Englischen wird in Konstituentenfragen die W-Phrase (*was, wer, wo* etc.) an die Satzspitze bewegt (28). Bleibt die W-Phrase am Ausgangsort (i.e. *in situ*, wird nicht bewegt), spricht man von einer **Echofrage**, die beispielsweise Nichtverstehen signalisiert, wie in (29). In anderen Sprachen hingegen bleiben die zu erfragenden Satzglieder prinzipiell am Platz,

24 Estnisch gehört mit Finnisch und Ungarisch zu den finno-ugrischen Sprachen. Es hat 14 Kasus und strukturell unterscheidet es sich insgesamt sehr von dem, was wir aus dem Deutschen oder Englischen, die beide germanische Sprachen sind, kennen. Lettisch und Litauisch hingegen gehören zum baltischen Zweig der indogermanischen Sprachen, sind mit dem Deutschen also näher verwandt als Estnisch. Doch Estnisch verwendet viele Lehnwörter aus dem Deutschen, Lettisch und Litauisch hingegen nur wenige. Daher findet man sich anhand der Straßenschilder und Beschriftungen im estnischen Tallinn etwas leichter zurecht als im sprachlich verwandteren Riga oder Vilnius.

wobei der Fragestatus des Satzes ggf. durch eine Fragepartikel markiert wird, vgl. das Beispiel aus dem Mandarin in (30).

(28) Hänsel und Gretel sehen ihre Eltern nicht mehr. →
Wen sehen Hänsel und Gretel nicht mehr?

(29) Hänsel und Gretel sehen WEN nicht mehr?

(30) Tā qù Shànghǎi ma?
Er fahren Shanghai Fragepartikel?
'Fährt er nach Shanghai?'

Auch in pragmatischer Hinsicht, also dahingehend, über was und wie – z. B. wie direkt – man miteinander kommuniziert, wem die Verwendung spezifischer Formen zusteht und welche Höflichkeitsmarkierungen verfügbar sind, unterscheiden sich Sprachen und Sprachgemeinschaften. Und wie bereits erwähnt: Sprachen lexikalisieren Konzepte nicht immer auf gleiche Weise, und manchmal überhaupt nicht. Selbst dann, wenn Ausdrucksmöglichkeiten existieren: Themen und Formulierungen, die in einer Sprachgemeinschaft inakzeptabel sind oder tabuisiert werden (z. B. Flüche, Sexualität, Krankheit etc.) können in einer anderen problemlos ausgedrückt und offen diskutiert werden.

3.8 Fazit

Dieses Kapitel hatte eine Auswahl von Erwerbsaufgaben zum Thema und diente der Illustration von Vielfalt und Komplexität unseres sprachlichen Wissens. Auf diese Kenntnisse greifen wir beim Sprechen und Verstehen zu, ohne dass wir uns dessen bewusst werden. Das Ergebnis ist beeindruckend komplex und virtuos. Wenn Kinder darauf angewiesen wären, das Geschilderte durch explizite Unterweisung zu erwerben, wären sie in einer hoffnungslosen Situation: Erwachsene wären nicht in der Lage, diese Instruktionsaufgabe zu übernehmen, weil sie selbst keinen bewussten Einblick in ihr Kenntnissystem haben. Wie wir im nächsten Kapitel sehen werden, kommen Kleinkinder mit diesen Aufgaben alleine klar, sofern ihnen ihre sprachliche Umgebung hinreichend Daten liefert. Die amerikanischen Sprachwisssenschaftlerinnen Newport et al. haben dies 1977 sehr treffend und humorvoll in folgendem Aufsatztitel zum Ausdruck gebracht: „Mother, I'd rather do it myself!"

Aufgaben

1. Lesen Sie Ihren Schülerinnen/Studierenden die folgenden Wörter nacheinander vor und lassen Sie sie jeweils das erste Wort notieren, das ihnen in den Sinn kommt. Stellen Sie die Antworten in einer Tabelle zusammen. Besprechen Sie im Unterricht, welche Assoziationen genannt wurden und in welcher semantischen Beziehung sie zum Stimuluswort stehen. Sie können diese Aufgabe natürlich anhand der Schriftform der Wörter auch für sich alleine bearbeiten.
   KALT – ROT – HAMMER – SOMMER – SCHREIBEN – BANK

2. Ordnen Sie folgende Sätze in das unten folgende Feldermodell ein.
   a. Ich lese gleich Kapitel 3 zum dritten Mal durch.
   b. Würde uns bitte jemand das Kapitel laut vorlesen?
   c. Aber was hast du denn nun wirklich stattdessen gelesen?
   d. Krimis lese ich tatsächlich viel lieber.
   e. Ich frage mich, ob wenigstens die Autorinnen Spaß hatten beim Schreiben.
   Achtung: Satz e. besteht aus zwei Sätzen!

Vor-Vorfeld	Vorfeld	LSK	Mittelfeld	RSK	Nachfeld

Anregungen für Diskussionen, Projekte und zum Weiterlesen

1. Mark Twain setzt sich kritisch und zugleich sehr unterhaltsam in einem Kapitel mit dem Titel „The awful German language“ (https://www.daad.org/files/2022/09/Mark_Twain-Broschuere.pdf, 26.06.2023) mit einigen Eigenschaften des Deutschen auseinander. Diskutieren Sie mit Ihren Klassen/Studierenden, um welche Eigenschaften es sich handelt. Warum sollte man seiner Ansicht nach das Deutsche zu den „toten“ Sprachen zählen?
2. Regen Sie an, Zeitungsüberschriften und Werbeanzeigen zu sammeln. Überlegen Sie gemeinsam, wie diese zu verstehen sind und wie wir deren

Bedeutungen erschließen, d. h. welches grammatische Wissen wir hier nutzen müssen, um die oft verkürzten Sätze, zu interpretieren.

3. Zur näheren Beschäftigung mit hier behandelten Themen eignen sich weitere LinguS-Bände sowie, insbesondere zur Syntax Wöllstein 2010 und 2015. Für vertiefte Einblicke in die Schnittstelle zwischen den hier und in den nächsten Kapiteln behandelten Themen vgl. Steinbach et al. 2007, Ossner & Zinsmeister 2014, Freywald et al. 2023.

4 Szenarien des Spracherwerbs

Nachdem das letzte Kapitel einen Überblick über eine Auswahl relevanter Erwerbsaufgaben vermittelt hat, gehen wir nun auf Varianten des Spracherwerbs ein, und zwar nacheinander auf

- den monolingualen Erstspracherwerb (L1),
- den doppelten L1-Erwerb (2L1) sowie auf
- den natürlichen Zweitspracherwerb in der frühen Kindheit (fL2) und im Erwachsenenalter (L2),

jedes Mal vor allem mit Deutsch als prominenter Zielsprache. Schließlich berücksichtigen wir mit dem Erwerb des Deutschen als Herkunfts- und Minoritätssprache einen Spezialfall des Erstspracherwerbs – ein im Kontext dieses Buchs allein schon deswegen sehr interessanter Erwerbstyp, weil sich in unseren Bildungseinrichtungen, von der Kita bis zur Universität, sehr viele Sprecher nicht deutscher Herkunftssprachen und allmählich verdrängter Dialekte befinden. Dabei kommen wir allerdings nur am Rand auf schulische Kontexte und den Fremdsprachenerwerb im institutionellen Kontext zu sprechen, beispielsweise im Rahmen von Kapitel 7.

Vorausgeschickt sei, dass wir die Bezeichnung „Erstsprache“ der Verwendung von „Muttersprache“ vorziehen, denn die Sprache, der ein Kind von Geburt an begegnet, muss nicht die (Erst-)Sprache der biologischen Mutter sein. Man denke an Kinder, die nach der Geburt adoptiert werden und möglicherweise mit einer anderen Sprache aufwachsen. „Erstsprache“ schließt diverse Optionen ein und ruft weniger Assoziationen bezüglich der emotionalen Relevanz der Sprache eines Elternteils im Vergleich mit den Sprachen anderer Bezugspersonen hervor.

Obwohl im ersten Absatz oben von **Varianten des Spracherwerbs** die Rede ist, sei noch einmal betont, dass sich die jeweiligen **Ergebnisse von Erwerbsprozessen** im Hinblick auf das erzielte grammatische Wissen, das Verhaltenspotential oder die Verarbeitungsleistung (z. B. die Geschwindigkeit von Verstehens- und Produktionsprozessen) bei unterschiedlichen Arten des Spracherwerbs nicht immer klar voneinander abgrenzen lassen. Daher haben wir für unsere Kapitelüberschrift mit Bedacht die Bezeichnung „Szenarien“ gewählt. Natürlich ist auch die Grenze zwischen einem sogenannten **ungesteuerten und institutionell gesteuerten Unterricht** letzlich fließend, denn das eine schließt das andere nicht aus. Viele Kinder und Jugendliche beipielsweise, die Sie bereits jetzt oder künftig beim Erwerb von Deutsch als Zweitsprache unterstützen, konnten sich im Vorschulalter Grundlagen der deutschen Grammatik aneignen und erweitern ihre deutschsprachigen Ressourcen weiterhin in außerschulischen Kontexten. Bei der Lektüre dieses Kapitels gilt es daher im Auge zu behalten, dass wir es neben kategorialen Entscheidungen (wie beispielsweise: „beherrscht die Platzierung finiter Verben", „kann Passivsätze und W-Fragen verstehen" etc.) immer wieder mit Kontinua und noch dazu mit vielfältigen Einflussfaktoren auf die Performanz in Echtzeit zu tun haben. Selbst innerhalb einer Personengruppe, die wir *einem* Erwerbsszenario zuordnen könnten, weil sie beispielsweise alle von Geburt an der gleichen L1 oder alle vom selben späteren Stichtag X an der gleichen L2 begegnen, würden wir interindividueller Variation begegnen. Umso wichtiger ist es, besonders relevante und zuverlässige Indikatoren für Erwerbsphasen und -hürden zu erkennen. Daher rücken wir im Folgenden immer wieder Phänomene in den Mittelpunkt, die darauf hindeuten, dass sich im jeweiligen System „etwas tut", darunter auch Ausnahmeerscheinungen und individuelle Problemlösungsstrategien. Letztere belegen besonders deutlich, wie gut es Lernenden gelingt, dem Chaos, das ihnen im Input entgegenschallt, etwas Hochstrukturiertes und sogar Sinnvolles zu entnehmen. Noch dazu geschieht dies oftmals auf sehr originelle Weise!

4.1 Zum Spracherwerb im Allgemeinen

Jeder Spracherwerb beruht auf dem Zusammenspiel eines Trios bestehend aus

1. genetischer Veranlagung,
2. kognitiven Strategien der Informationsverarbeitung, die sich mit Reifung und Erfahrung verändern, sowie
3. erwerbskritischer Erfahrung, also dem Sprachangebot der Umwelt in relevanten Kontexten.

Letzteres, der sogenannte **Input**, wird durch kognitive Verarbeitungsprozesse, also (2), in **Intake** verwandelt und wird erst auf diese Weise Teil unseres internalisierten individuellen Kenntnissystems. Für den Erwerb unserer Erstsprachen bedarf es von Anfang an einer lautsprachlichen oder – im Fall der Gehörlosigkeit – gebärdenden Umgebung, aber man muss uns Sprache nicht

Schritt für Schritt antrainieren. Kinder kommen dank (1) und (2) bestens für diese anspruchsvolle Aufgabe ausgestattet zur Welt und sind normalerweise von Geburt an von sprechenden oder gebärdenden Menschen umgeben, womit Bedingung (3) erfüllt wäre. Dank dieser Konstellation wird die Erwerbsdynamik in Gang gesetzt und ist eigentlich, d. h. ohne traumatische oder pathologische Ereignisse, nicht zu bremsen. Daher wird der L1-Erwerb auch als **robust** bezeichnet.

Während in der Wissenschaft am grundsätzlichen Zusammenspiel dieses Trios nicht gezweifelt wird, ist man sich über die Details der Arbeitsteilung keineswegs einig. Dies betrifft vor allem die Beantwortung der Frage, was *genau* unsere Gene beisteuern und was allein aufgrund allgemeiner kognitiver Fähigkeiten in der Interaktion mit dem Input erwerbbar ist. Obwohl dies aus unserer Sicht eine der spannendsten Fragen der Spracherwerbsforschung ist, verzichten wir auf eine Vertiefung, weil die damit verbundenen Kontroversen für die Ziele, die wir mit diesem Buch verfolgen, nämlich Sie für Eigenschaften von Lernersprachen und ihre inhärente Dynamik zu sensibilisieren, nicht zentral sind.[25]

Was immer unsere Veranlagung zu bieten hat, um den Spracherwerb zu ermöglichen: Gleichzeitig werden leistungsstarke Strategien der Mustererkennung, Kategorisierung und Speicherung benötigt, unter anderem um zu erwerben, worauf uns unsere Gene *nicht* vorbereiten können: eine Fülle einzelsprachspezifischer Besonderheiten. Dies ist eine ziemliche Menge, wie wir in Kapitel 3, und auch da ja nur in Auswahl, gesehen haben. Dieser relevanten Information muss man also auf jeden Fall in hinreichender Menge im Input begegnen können. Selbst da, wo eine auf alle Sprachen zutreffende, also universelle, Strukturerwartung unsere Wahlmöglichkeiten einzuschränken scheint, wie bei der binären Unterscheidung von **Kopf** und **Nichtkopf** und ihrer konsistenten Reihung, müssen Lernende die jeweiligen Köpfe und die in ihrer Zielsprache kanonische Serialisierung anhand des Inputs austüfteln. Kinder, die zeitgleich mit verschiedenen Erstsprachen aufwachsen, müssen dies für jede Sprache leisten können.

In einem sehr elementaren Sinn setzt *jeder* Spracherwerb **Sprachkontakt** voraus, und zwar die Begegnung zwischen Personen unterschiedlicher gram-

25 Für knappe deutschsprachige Überblicke über divergierende Erklärungsansätze vgl. Höhle (2010), Müller et al. (2018), Tracy (2014a/b); siehe auch die Lektüreempfehlung am Kapitelende.

matischer Kompetenzen und unterschiedlicher Verhaltensoptionen.[26] Das bedeutet, streng genommen, dass sich auch beim monolingualen L1-Erwerb die Beteiligten aufgrund asymmetrischer Kenntnisse und unterschiedlicher Grammatiken in einer **mehrsprachigen Situation** befinden. Dies hält sie glücklicherweise keineswegs davon ab, erfolgreich zu kommunizieren. Beide Seiten nutzen ihre Kontextwahrnehmung, ihre wechselseitige, optimistische Kooperationserwartung sowie ihren gesunden Menschenverstand, um mehr oder weniger treffsicher darauf zu schließen, was jeweils gemeint sein könnte. Auf die dafür benötigten Inferenzstrategien und Relevanzvermutungen hatten wir bereits in Kapitel 1 hingewiesen. Sie erinnern sich an Goethes Werther?

Obwohl der natürliche Spracherwerb zwischenmenschlichen Kontakt im skizzierten Sinn voraussetzt, um in Gang zu kommen und in Bewegung zu bleiben, vollzieht er sich zugleich immer als **individueller, einsamer Prozess**. Denn jeder einzelne Lerner muss die relevanten Eigenschaften einer Zielsprache *für sich* entdecken und verfügbaren Input in *Intake* verwandeln. Diese Einzelaufgabe und detektivische Meisterleistung kann Kindern keine noch so unterstützende und wohlwollende Umwelt abnehmen. Dass es dabei zu interindividuell unterschiedlichen Zwischenlösungen oder auf Dauer bleibenden Divergenzen zur Elterngeneration und damit zu Sprachwandel kommt, ist unvermeidlich.

Spracherwerb zeichnet sich in seinem Verlauf und in seiner Dynamik sowohl durch Kontinuität als auch durch Brüche zwischen Entwicklungsphasen aus. Manche Strukturen sind bemerkenswert früh und bleiben der individuellen Grammatik erhalten, wie wir später sehen werden. In anderen Bereichen kommt es zu qualitativen Sprüngen zwischen Eigenschaften aufeinanderfolgender Grammatiken, an denen wir erkennen können, wie die durch eine frühere Grammatik ermöglichten **Strukturen reanalysiert und restrukturiert** werden. Dies manifestiert sich besonders deutlich da, wo anfänglich ganzheitlich memorisierte Formeln (z. B. /ge:tic/, basierend auf *geht nicht*, wenn etwas nicht funktioniert) mit der Zeit morphosyntaktisch segmentiert und im Sinne der zielsprachlichen Grammatik analysierbar werden (also als finites Verb eines subjektlosen Satzes und einer Negationspartikel).

26 Wir lassen hier den Erwerb natürlicher Sprachen durch Selbststudium, das Erlernen von Kunstsprachen (z. B. Esperanto, Klingonisch) oder spezifischer Codes und Register außer Acht (z. B. die Abkürzungen des internationalen Amateurfunks, der Morsecode, Flaggensignale etc.).

Dabei sind lernerspezifische Zwischenlösungen, wie wir sie später illustrieren, besonders interessant, weil sie uns Einblick in verfügbare Freiräume gewähren. Ins Auge fallen vor allem selektive **Auslassungen**, z. B. das anfänglich systematische Fehlen und die danach *optionale* Verwendung von spezifischen Wortklassen und Flexiven sowie **Ersetzungen**, **Übergeneralisierungen** und **Hinzufügungen**. Wie wir heute zu wissen glauben: Innerhalb der jeweiligen Lernergrammatik sind diese Phänomene nicht zufällig. Vielmehr haben sie einen systematischen Stellenwert und einen wichtigen Signalwert für alle, die herausfinden möchten, welche Erwerbsaufgaben Lerner gerade zu lösen bemüht sind.

Unter normalen Bedingungen, also bei kontinuierlich verfügbarem Sprachangebot, wird vorhandenes sprachliches Wissen immer wieder **rekonstruiert**. Schließlich konvergieren Lernergrammatiken mit dem zielsprachlichen System so weit, dass die jeweiligen Sprecher aus Sicht ihrer Sprachgemeinschaft unauffällig werden, also zu „einem von uns". Für den frühen L2-Erwerb gilt dies bei intensivem Sprachkontakt ebenfalls. Bei erwachsenen Lernern ist eine weitgehende Konvergenz selten, aber nicht ausgeschlossen. Vor allem aufgrund ihrer Aussprache, also der lautlichen und melodischen Merkmale ihrer Sprachproduktion, sind ältere Lerner meistens schnell als Nichtmuttersprachler identifizierbar, auch wenn sie andere Ebenen der Grammatik hervorragend beherrschen und vielleicht sogar über einen größeren Wortschatz verfügen als viele L1-Sprecher der gleichen Sprache.

Wir werden im Folgenden auch sehen, dass es angesichts von Phänomenen, die man bei älteren L2-Lernenden vorfindet, wichtig ist, auch den L1-Erwerb der gleichen Zielsprache im Blick zu behalten. Auf diese Weise kann man vermeiden, vorschnell das unterschiedliche Erwerbsalter, Ähnlichkeiten und Unterschiede zwischen den Sprachen und Transfer für bestimmte Erscheinungen in einer L2 verantwortlich zu machen. Allerdings: Was beim L1-Erwerb von Sprache A ein mehr oder weniger kurzlebiges Übergangsphänomen ist, mag sich bei anderen Spielarten des Erwerbs von A als permanente Lösung etablieren – eine Erscheinung, die man in der L2-Forschung als **Fossilisierung** bezeichnet: die Stabilisierung spezifischer Merkmale auf bestimmten Plateaus einer Lernergrammatik.

Bei allen Erwerbsszenarien stellt sich, wie auch im Mehrsprachigkeitskapitel unter dem Stichwort „Transfer" angesprochen, immer wieder die Frage nach dem jeweiligen Ausgangspunkt, dem **Initialzustand,** an dem etwas

Neues anknüpfen kann. Beim allerersten Kontakt mit einer Erstsprache wäre dies unsere genetische Prädisposition. In Abhängigkeit vom Alter und damit einhergehender Reife und Erfahrung ist der Ausgangspunkt beim sukzessiven Erwerb neuer Sprachen ein anderer, da ja immer schon mindestens eine Grammatik, kommunikatives Wissen und Verarbeitungsroutinen einen Vorsprung haben. Daher liegt die Frage nahe: Entspricht der Initialzustand beim L2-Erwerb der bereits vorhandenen L1-Grammatik, d. h. transferieren L2-Lernende anfänglich Eigenschaften ihrer jeweiligen L1 auf die L2? Gibt es Bereiche einer neuen Sprache, die sich so entwickeln, als hätte es die L1 nie gegeben? Und welche Rolle spielen Ähnlichkeiten und Unterschiede zwischen den Sprachen? Einigen dieser Fragen werden Sie im Folgenden wiederholt begegnen.

4.2 Erstspracherwerb

Entscheidende Phasen des L1-Erwerbs fallen in eine Zeit dramatischer Reifungsprozesse, besonderer Sensibilität für spezifische sensorische Stimuli und effizienter kognitiver und sozialer Lernprozesse. Wir räumen ihm hier mehr Raum ein als anderen Erwerbsszenarien, weil viele dieser Entwicklungen beim sukzessiven Erwerb bereits vorausgesetzt werden können. Gibt es relevanten Input und liegt weder eine Spracherwerbsstörung noch eine sonstige, den Spracherwerb tangierende kognitive Beeinträchtigung vor, entwickeln sich Kinder normal, bzw. man spricht heute eher von einer **typischen Entwicklung**. Das heißt, dass sich Kinder weltweit trotz variierender familiärer Erziehungspraxis, Anregungsqualität und kultureller Unterschiede die grundlegende grammatische Architektur ihrer jeweiligen L1 innerhalb der ersten drei bis vier Lebensjahre aneignen.

4.2.1 Lautentwicklung und Wortphonologie

Bereits vorgeburtlich können Föten melodische und rhythmische Eigenschaften der Sprechweise ihrer Mütter durch die Bauchdecke hören und nach der Geburt wiedererkennen (Hennon et al. 2000). Wiedererkennen setzt voraus, dass intrauterin wahrnehmbare Stimuli Gedächtnisspuren hinterlassen. Neugeborene reagieren auch auf sprachliche Stimuli im Vergleich zu anderen Geräuschen mit vermehrter Aufmerksamkeit (vgl. Höhle 2010). Vor allem sind sie noch in der Lage, Laute zu diskriminieren, die in ihrer Umgebungssprache nicht vorkommen – eine Sensibilität, die gegen Ende des ersten Lebensjahres abnimmt. Mit etwa vier Monaten erkennen Kinder ihren Namen und können sogar prosodisch-rythmisch ähnliche Sprachen unterscheiden (Mandel et al. 1995, Friederici & Thierry 2008).

Frühe produktive Fähigkeiten sind gleichermaßen beeindruckend. Kinder mit französischem Input produzieren andere Schreibögen (eher steigend) als Kinder im deutschsprachigen Umfeld (fallend) (Mampe et al. 2009). Mit sechs Monaten beginnen Kinder mit dem sog. **kanonischen Lallen** (= Wiederholen der gleichen Silben, wie in *dada* oder *baba*), gefolgt vom **bunten Lallen** (*daba*, *bada*) mit wechselnden Silbenonsets. Deutsche (ebenso englische) Lallsequenzen werden dabei auf der ersten und dadurch auch längeren Silbe betont und entsprechen damit bereits dem kanonischen Muster zweisilbiger deutscher (und englischer) Wörter (vgl. GROße HAsen GRAben TIEfe LÖcher), im Unterschied zum Betonungsmuster, das sich beim Erwerb anderer Sprachen manifestiert.

Charakteristisch für identifizierbare Wortformen, die meistens um den ersten Geburtstag herum auftreten, sind systematische Vereinfachungen, wie wir sie auch in unserem Beispiel *LOva Oma tikt* gesehen haben (Auslassung unbetonter Silben, Reduktion der Konsonantenhäufung), und Lautersetzungen (hintere durch vordere Konsonanten, Vokal- und Konsonantenharmonie, vgl. (1) bis (4)). Die hier kursivierten Formen sind orthographische Versionen der von den Kindern produzierten Wortformen. In (4) sieht man ein komplexes Wort, das im Alter 1;8 produziert wurde und gleich mehrere dieser Merkmale auf sich vereint, zugleich aber auch die Silbenzahl des Zielworts beibehält.

(1) *sik* (= Musik), *fant* (= Elefant)
(2) *dint/dinten* (= trinken), *ping* (= spring)
(3) Baum ⟶ *ba, bau*
(4) Krankenschwester ⟶ *tantabasa* (Tracy 2008, S. 76)

Für Beispiel (4) haben wir in (4') Laut für Laut aufgeführt, wie das Kind vereinfacht. Man kann daran die Vereinfachung von Konsonantenclustern und Lautersetzungen gut erkennen.

(4')	k	r	a	ŋ	k	ə	n	ʃ	v	ɛ	s	t	ɐ
	t	∅	a	n	t	a	∅	∅	b	a	s	∅	a

Bemerkenswert ist, dass Kinder Äußerungen von Erwachsenen zurückweisen, wenn diese ihrerseits kindliche Wortproduktionen imitieren, vgl. (5) (aus Goodluck 1991, S. 26).

(5) Erw.: Did you say *wellow*? (‚yellow')
Kind: No, I said *wellow*.

Oft berichtete Hörbelege dieser Art lassen den Schluss zu, dass Kinder keineswegs *dinten* statt *trinken* oder *wellow* statt *yellow* äußern, weil sie sich verhört hätten. Vielmehr scheinen sie über eine annähernd zielsprachliche Repräsentation zu verfügen, an der sich Wahrnehmung und Verstehen orientieren. Gleichzeitig folgt ihre Produktion einem vereinfachten, aber nicht minder regelhaften, artikulatorischen Schema. Wir sehen also bereits anhand des Kontrasts von Eigenproduktion und Inputrepräsentation (Intake), was später bei der Diskussion des doppelten L1-Erwerbs wichtig ist: Lerner sind in der Lage, trotz objektiver Unterschiede zwischen Formen – also ihren eigenen und den in der Umwelt produzierten – Äquivalenzbeziehungen aufzubauen. Ist das nicht auch schon *multilektale* Kompetenz?

4.2.2 Früher Wortschatz

Schon Babies sind dazu in der Lage, das Verhalten ihrer Bezugspersonen als **Zeichen** zu deuten, die auf etwas hinweisen. Sie unterstellen ihrer Umgebung früh kommunikative Intentionen bezüglich der Aufmerksamkeitssteuerung, was man – mit etwas Fantasie aus der Perspektive eines Kindes gedacht – folgendermaßen umschreiben könnte: „Ich vermute, dass du beabsichtigst, mich wissen zu lassen, was dich interessiert, weil das auch für mich interessant sein könnte, also guck ich mal dahin, wo du hinguckst." (vgl. dazu ausführlich Tomasello 2008). Sie folgen daher im Alter von wenigen Monaten mit ihren Augen der Blickrichtung anderer und richten ihre Aufmerksamkeit an dem aus, wofür sich andere zu interessieren scheinen. Ihrerseits signalisieren sie bereits einige Monate vor Ende des ersten Lebensjahres durch Blickkontakt, Blickrichtung, Zeigegesten und Begleitlaute, dass sie außer Reichweite liegende Gegenstände haben möchten. Sobald sie krabbeln, versuchen sie, hinter Barrieren zu gelangen, wenn sie aufgrund der Blickrichtung anderer vermuten, dass sich dort etwas Sehenswertes befindet. Dies alles bedeutet allerdings nicht, dass unsere **Mindreading**-Fähigkeiten uns bereits im Krabbelalter korrekt darauf schließen lassen, was in den Köpfen anderer abläuft. Die Erkenntnis, dass andere Menschen eine vom eigenen Wissensstand abweichende Sichtweise auf Ereignisse haben, entwickelt sich erst allmählich im Laufe der ersten vier Lebensjahre (zur **Theory of Mind**-Forschung vgl. Sodian 2011).

Nach allem, was wir bisher über die Relevanz geteilter Aufmerksamkeit zwischen Gesprächspartnern gesagt haben, überrascht nicht, dass der frühe kindliche Wortschatz *zeigende* Ausdrücke – die bereits in Kapitel 3 erwähnten **Deiktika** – enthält, im Deutschen beispielsweise *da* und formelhafte Wendungen wie *guckma.* Ansonsten besteht das kindliche Lexikon überwiegend aus Nomen, Adjektiven (*heiß*, *groß*) und Verbpartikeln, vor allem solchen, die auf einen bereits hergestellten oder angestrebten Endzustand von Handlungen referieren (*weg, zu, hoch, rein* etc.), siehe (6). Interessanterweise finden sich bereits unter Einwortäußerungen und in ersten Wortkombinationen Wörter, die an geteiltes Wissen und gemeinsame Erinnerungen appellieren. Dies ist beispielsweise bei der Verwendung von Partikeln und Adverbien (*auch, wieder, nochmal*) sowie der Negationspartikel *nein* der Fall. Um kindliche Äußerungen mit solchen Wörtern zu verstehen, müssen sich Gesprächspartner gemeinsam an vorangegangene Ereignisse erinnern.

(6)	Julia (1;8):	(steckt Klotz in eine Kiste) rein\
	J.:	(steckt weiteren Klotz in die Kiste) AUCH rein\

Was beim Wortschatzerwerb geleistet wird (vgl. Kauschke 2000, Meibauer & Rothweiler 1999, Szagun 2006), illustrieren wir zunächst anhand konkreter Nomen. Kinder verknüpfen anfänglich – in einem als ***fast mapping*** bezeichneten Prozess – besonders saliente perzeptuelle Merkmale mit einer Wortform, die ihrerseits, wie soeben geschildert, mehr oder weniger reduziert ist. Dieser Lexikoneintrag wird im Zuge weiterer Begegnungen mit dem Wort und seinen Referenten um relevante semantische Merkmale erweitert. Wenn Kleinkinder anfangs zu Kühen, Hunden, Katzen *Wauwau* sagen, bedeutet dies nicht, dass sie diese Lebewesen konzeptuell nicht unterscheiden könnten. Aber ihr mentales Lexikon enthält zunächst nur eine Teilmenge der semantischen Merkmale, die den lexikalischen Eintrag von Erwachsenen ausmachen oder es enthält möglicherweise Merkmale, die im Wortschatz Erwachsener irrelevant geworden sind, wie z. B. im Fall von Kühen 'Lebewesen, die eine Glocke um den Hals tragen, auf einer Alm leben, …'. Umgekehrt kann es anfänglich auch an Generalisierung fehlen, und so wird vielleicht nur, wie bei einem Eigennamen, auf einen bestimmten Hund in der Nachbarschaft mit *Wauau* referiert.

Worterkennung und Verstehen eilen der Produktion voraus. Der produktive L1-Wortschatz wird zunächst langsam aufgebaut, bis er sich im Alter von etwa 18 Monaten beschleunigt.[27] Der Umfang des passiven Wortschatzes zu Schulbeginn beläuft sich auf 9.000 bis 14.000 Wörter (Rothweiler & Meibauer 1999), etwa das Dreifache des aktiven Wortschatzes. Da der Wortschatz in hohem Maß vom Input abhängig ist, können erhebliche interindividuelle Unterschiede nicht überraschen.

Kinder sind hervorragende Wortlerner, weil sie sich – so die Annahme –, an spezifischen Vorannahmen orientieren. Sie vermuten, dass neue, zuvor nicht bekannte Wörter auf ein Objekt *als Ganzes* referieren (***whole-object constraint***) und nicht etwa auf ein Detail, also im Fall der zum ersten Mal gehörten Wortform *Kamel* auf das ganze Tier, nicht auf seine Höcker oder das Fell. Eine weitere Hypothese, die man Kindern unterstellt, ist, dass bisher unbekannte Objekte noch nicht vergebene, also *neue* Bezeichnungen verlangen und dass umgekehrt ein Lexem, das man zum ersten Mal hört, auf ein *neues* Objekt referiert (***mutual exclusivity constraint***).

Verben sind nicht nur für die Kodierung von Ereignissen relevant. Sie spielen, wie wir in Kapitel 3 gesehen haben, in thematischer Hinsicht eine zentrale Rolle, weil sie bestimmte Mitspieler (sogenannte Argumente/thematische Rollen, → 3) verlangen. Unser lexikalisches Wissen diktiert uns also in vielerlei Hinsicht, was in der Syntax, also auf einer weiteren Ebene, auf die wir in Kürze eingehen, Platz benötigt. Die Abbildung der Ereignis- und Argumentstruktur auf die jeweilige syntaktische Ebene kann sich von Sprache zu Sprache erheblich unterscheiden.[28]

27 Steigen Kinder wesentlich später in die Wortproduktion ein, spricht man von „verspäteten Sprechbeginnern“ (*late talkers*). Verläuft der Wortschatzerwerb extrem langsam, mit weniger als 50 Wörtern im Alter von zwei Jahren, liegt möglicherweise eine spezifische Spracherwerbsstörung (SSES, vgl. Schulz 2007) vor.

28 In vielen Sprachen, u. a. Italienisch, Spanisch, Türkisch, Russisch, kann man in finiten Sätzen pronominale Subjekte auslassen, wenn aufgrund des Diskurskontextes erschlossen werden kann, was gemeint ist. Man spricht dann von Null-Subjekt-Sprachen. An Nebensätzen sieht man besonders gut, dass dies im Deutschen nicht möglich ist: *Max hat fünf Äpfel gepflückt. Ich sah, *dass ∅ alle sofort aufgefuttert hat.*

Kinder beschränken sich bei der Wortproduktion nicht auf bereits Gehörtes. Dies erkennt man besonders gut, wenn sie Wörter bilden, die im Erwachsenensystem nicht vorhanden sind oder etwas anderes bedeuten, vgl. (7).[29]

(7) a. 4;7 I hate you and I'll never unhate you (Bowerman 1982, S. 326)
b. 5;1 Die Katze fault da vor sich hin (= faul sein, faulenzen)
c. Ich brauche eine Verbindung (= Verband)
d. L.: 4;0 Mama, wo warst du?
M.: Auf dem Klo.
L.: Mama, haben wir zwei Klöße?

In (7a) wird faktisch Unmögliches ausgesagt: Man kann zwar aufhören, jemanden zu hassen, aber einen vorangegangenen Zustand des Hassens nicht ungeschehen machen. In (7b) hat das kindliche Lexikon aus dem Adjektiv *faul* in der Bedeutung von „Nichtstun"[30] ein Verb erzeugt, vielleicht unterstützt durch *faulenzen*; in (7c) wird das Verb *verbinden* nominalisiert. In (7d) wirkt das Nomen *Klo* aus Sicht des Erwachsenensystems doppelt pluralisiert. Das Ergebnis, *Klöße* (an Stelle von *Klos*), existiert zwar, allerdings als Plural eines anderen Worts (*Kloß*). Mit der Zeit entdecken Kinder, dass viele ihrer eigenen Erfindungen (wie *faulen, Verbindung*) überflüssig sind, weil es konventionalisierte Wörter für die jeweils intendierte Bedeutung gibt, im Fall von *Verbindung* beispielsweise *Verband*. Infolgedessen werden viele der frühen Eigenkreationen mit der Zeit **blockiert**.

Wenn Kinder Wörter produzieren, die im Erwachsenensystem anderes bedeuten oder die sogar, wörtlich genommen, etwas Unmögliches bezeichnen (*unhate*), fällt dies auf und amüsiert uns. Unentdeckt hingegen bleiben Verstehensprobleme, sofern wir ihnen nicht gezielt experimentell nachgehen. Manchmal manifestieren sich zufällig idiosynkratische Interpretationen, vgl. (8), wo *Fata* mit *Vater* und *(M)organa* – wahrscheinlich! – mit *Organisieren* in

29 Bowerman (1982, S. 326) hat eine Fülle ähnlicher Kreationen zusammengestellt, darunter *untight* (in der Bedeutung von deutsch ‚lockern'), *unhang* (‚abnehmen'), *unshorten* (‚verlängern'). Ähnliche Wortbildungen, und zwar auch solche, die faktisch Unmögliches besagen, finden sich in metaphorisch sinnhaften Konstruktionen, wie *unbreak my heart* (Song von Paul Anka 1979) oder *I can't unthink this* (Twitter-Nachricht).

30 Aufgrund des Kontextes konnte *faulen* im Sinne organischen *Verfaulens* ausgeschlossen werden.

Verbindung gebracht wurde. Das Resultat ist also ziemlich folgerichtig etwas, was Papas so machen bzw. organisieren: eben eine *Papa-Aktion.*

(8) Bei der Lektüre von *Jim Knopf und der Lokomotivführer* über eine Fata Morgana:

Vater:	Und was machen Jim Knopf und der Lokomotivführer in der Wüste?
Mark Philip (5;5):	Die machen jetzt eine Papa-Aktion.

Noch im Schulalter interpretieren Kinder viele Alltagswörter anders als Erwachsene, mit entsprechenden Konsequenzen für das Textverstehen. Der Quantor *alle* in (9a) kann entweder bedeuten, dass alle Kinder gemeinsam auf einem Baum sitzen oder dass jedes Kind auf einem anderen Baum sitzt. Für den Quantor *jeder/jede* in (9b) gilt dies im Erwachsenensystem nicht. Der Satz kann nur heißen, dass jedes Kind auf einem eigenen Baum sitzt. Kinder hingegen interpretieren auch den Quantor *jede(r/s)* lange so wie *alle.*

(9) a. Alle Kinder klettern auf einen Baum.
(jedes auf einen eigenen oder alle auf einen)
b. Jedes Kind klettert auf einen Baum
(jedes Kind auf einen eigenen Baum)

Das Lexikon ist nicht nur ein Reservoir, das linear erweitert wird, sondern es wird mit der Zeit immer wieder reorganisiert, wodurch neue Formen mit vertrauten Bedeutungen gekoppelt werden und Früheres obsolet wird. Dies hängt auch mit der Rolle von Wörtern innerhalb der Architektur unserer Sätze zusammen, der wir unser nächstes Unterkapitel widmen.

4.2.3 L1-Syntax

Im Bereich der Syntax wird der L1-Erwerbsprozess in besonderer Weise dadurch begünstigt, dass sich Kinder aufgrund begrenzter Verarbeitungsleistung zunächst auf kleine Ausschnitte ihres Inputs beschränken müssen, d. h. „they are forced to start small“ (Elman 1993, S. 72). Um zu erkennen, um welche Fragmente es sich dabei handelt, bedarf es einer theoretischen Brille, in unserem Fall des **topologischen Satzmodells**, das wir in Kapitel 3 vorgestellt haben. Obwohl wir dieses Kapitel mit *Syntax* überschrieben haben, wird im Folgenden auch die Schnittstelle zur Verbalflexion eine wichtige Rolle spielen.

Die gesamte Entwicklung, beginnend mit Einwortäußerungen und nicht weiter segmentierbaren, formelhaften Wendungen, kann man überblicksartig als eine Abfolge prägnanter **Meilensteine** zusammenfassen, vgl. (10) (Tracy 2008, S. 75ff.). Zum Zeitpunkt von Meilenstein I lassen sich Elemente erkennen, die in Erwachsenenäußerungen klare Platzierungspräferenzen zeigen: die Partikel *auch* residiert im Mittelfeld, Partikeln wie *zu*/*weg*/*rein* in der rechten Satzklammer. Letztere erweisen sich über ihre semantische Relevanz hinaus in syntaktischer Hinsicht als besonders wichtig, weil sie „platzfest" sind und damit zuverlässige Repräsentanten der rechten Satzklammer. Äußerungen wie *sitzta* oder *gehtich* (von *geht nicht*) klingen zwar zielsprachlich, treten aber nur in dieser Form auf. Es handelt sich um ganzheitlich gespeicherte, also nicht weiter syntaktisch oder morphologisch segmentierbare Lexeme und daher nur scheinbar um Repräsentanten einer „echten" linken Satzklammer. Sie lassen sich, ebenso wie sonstige Einwortäußerungen, noch keinem der topologischen Felder zuordnen und werden daher in (10a) als Belege für Meilenstein I betrachtet.

(10) a. *Meilenstein I*: Einwortäußerungen und Formeln:
da, nein, Ball, auch, rein, sitzta

		Vorfeld	**LSK**	**Mittelfeld**	**RSK**
Meilenstein II	b.			Tür	zu
	c.			Papa Tür	zumachen
	d.			Papa auch Tür	zumachen
Meilenstein III	e.	Papa	will	nicht Tür	zumachen
	f.	was	macht	Papa	zu?
	g.	jetzt	kann	Papa Tür nicht	zumachen
Meilenstein IV	h.		wenn	Papa auch (die) Tür	zumacht
	i.	was		Papa auch	zu(ge)macht hat

Nach Meilenstein I treten zwischen dem 18. Monat und dem zweiten Geburtstag Zwei-, dann Mehrwortkombinationen auf, darunter klar erkennbare Kombinationen aus Kopfelementen und begleitenden Argumenten, wie im Fall von *Tür zu/zumachen*, mit der Verbpartikel oder nicht finiten Verben als Kopf und zugleich als Vertreter der rechten Satzklammer (= Meilenstein II), vgl. (10b–d). In einem nächsten Schritt (Meilenstein III) rücken Verben, nun in finiter Form, in die Position der linken Satzklammer vor (10e–g). In der überwiegenden Mehrheit der Fälle ist die Übereinstimmung mit Person und Numerus des Subjekts in diesem Moment bereits korrekt.

Schließlich erreichen Kinder Meilenstein IV und produzieren eingeleitete Nebensätze mit finiten Verben in der rechten Satzklammer. Damit kann der grundlegende Bauplan deutscher Sätze als erworben gelten, vgl. (10h–i).

Die frühe Systematik von Meilensten II mit der Abfolge OV im Deutschen und Türkischen, in anderen Sprachen mit umgekehrter Abfolge (englisch, französisch, chinesisch VO), ist beeindruckend. Dabei heißt „Systematik" nicht, dass nicht gelegentlich auch andere Reihungen auftreten, also im Deutschen nicht nur (11a), sondern auch hin und wieder Äußerungen wie in (11b), die sich an der Nachfeldbesetzung orientieren, bzw. an erläuternden Nachschüben wie in (11c).[31] Wir erinnern daran, dass (.) auf eine kurze Pause hinweist, / und \ auf steigende bzw. fallende Intonation.

(11) Julia 1;10
- a. wagen daREIN/ (steht vor einem Puppenwagen)
- b. daREIN wagen\ (steigt in den Puppenwagen)
- c. daREIN/ (.) FÜssen\ (streckt Füße unter Decke aus)

Nun lassen die in (10) aufgeführten Syntagmen außer Acht, was *zwischen* diesen Erwerbsplateaus passiert, denn Altes und damit Bewährtes wird nicht schlagartig obsolet, wenn neue, komplexere Strukturen auftreten. Mindestens zeitweise können alte und neue Strukturen koexistieren: ein **dynamischer multilektaler Zustand**. Ein typisches Beispiel sieht man in (12). Die zweijährige Julia produziert hier zunächst eine deiktische Formel *dazə*, um ihre Aus-

31 Bei den erwachsenen Gesprächspartnern der Kinder fehlt es nicht an Strukturen, in denen Konstituenten des Mittelfelds ins Nachfeld verschoben wurden bzw. in denen eine nachgeschobene Erläuterung ein Korrelat im Mittelfeld aufweist, wie im Fall von *Willst du die da reintun, die Tiere?*

sage dann im Gewand einer fortschrittlicheren Grammatik zu reproduzieren, wobei sie die als separates Lexem erkennbare Kopula sogar durch Betonung besonders hervorhebt. Ebenso sehen wir, dass *ball* dabei mit einem Artikel – wenngleich mit nicht kanonischem Genus – versehen wurde, der zuvor in der zweiten Silbe von [*dazə*], wie die Kopula, einen phonetischen Vorläufer hatte.

(12) Julia (2;2): [dazə] ball (.) da IS das ball

Bemerkenswert ist die Art und Weise, in der im gleichen Zeitraum Hilfsverben in diesen Systemzusammenhang integriert werden, vgl. (13). Obgleich *haben*, wie man unten erkennt, bereits als finites Hauptverb in der linken Satzklammer belegt ist, tritt es als Hilfsverb zuerst als unanalysiertes Adjunkt auf. (13a) zeigt die Koexistenz beider: Vollverb und Hilfsverb, letzteres als undifferenzierten **Platzhalter**, aber schon in der kanonischen Position der linken Satzklammer. Die Platzhalterfunktion sieht man auch in (13b), wobei in diesem Fall – eine weitere Hürde – zielsprachlich eigentlich eine Form des Hilfsverbs *sein* (*sind*) auftreten sollte (aus Tracy 1991, S. 221).

(13) a. (Julia (2;2) zeigt auf ein Pflaster auf ihrem Arm)
oh hab ich ein pflaster\ (.) [hədə] mami geschenk\
b. (J. über ein Stofftier ohne Ohren, in klagendem Ton)
[hədə] deine ohrn abgegang\

Weitere Übergangsphänomene zeigen sich in Vorläuferstrukturen von W-Fragen und von Nebensätzen (Fritzenschaft et al. 1990, Rothweiler 1993, Tracy 1994), in denen anfänglich an der linken Satzperipherie W-Phrasen ebenso wie Komplementierer ausgelassen werden, vgl. (14). Wir sehen einen völlig kanonischen Hauptsatz, gefolgt von Nebensätzen, auch ohne Komplementierer erkennbar an der erforderlichen Platzierung des finiten Verbs in der rechten Satzklammer.

(14) (Valle (2;2) beim Malen)
Valle will dann fertig malen ∅ Valle fertig malen hat\ (.) ∅ Valle fertig badet hat\

Valle korrigiert dabei sogar einen eigenen Versprecher – die irrtümliche Wiederholung von *malen* des Hauptsatzes –, jedoch ohne das Fehlen der Konjunktion *wenn* zu reparieren. Daraus können wir übrigens schließen, dass das Fehlen einer Konjunktion vom Sprecher in dieser Zeit nicht als reparaturbedürftig angesehen wird.

Es gibt aber unter den Vorläuferstrukturen kanonischer Nebensätze noch weitere Strategien, wie das Füllen satzeinleitender Positionen durch idiosynkratische *Platzhalter*. Ein Beispiel findet sich in (15) (aus Fritzenschaft et al. 1990, S. 122).

(15) Max 3;2 nənənə so laut is (auf Warum-Frage)

Platzhalter – ebenso wie Lücken – erkennt man im Zeitverlauf: Sie treten in bestimmten Entwicklungszusammenhängen und in spezifischen Positionen auf, vor allem als Vorläufer funktionaler Kategorien (Artikel, Auxiliare, Komplementierer, Fragepronomen), und sie verschwinden zügig, sobald die „echten" zielsprachlichen Lexeme verfügbar sind.

Zum Spektrum der Übergangsphänomene gehört auch die **Überproduktion**, also die Mehrfachrealisierung von Elementen im gleichen Satz (Tracy 1991, S. 322). So finden wir in Äußerung (16a) das direkte Objekt doppelt: einmal im Vorfeld und einmal im Mittelfeld. In (16b) – eine Äußerung, die wir schon in Kapitel 1 zitiert hatten – erkennt man die gleichzeitige Besetzung beider Satzklammern durch eine finite Kopula. In (17a) und (17b) sehen wir Beispiele aus dem Englischen (Roeper 1992, S. 355):

(16) a. ich spiel das (.) das spiel ich's auch
b. wo is das junge is? (= Beispiel (1a) aus Kap. 1)
(17) a. can I can come?
b. is John is busy?

Während wir alle gelegentlich vergleichbare Strukturen als Versprecher produzieren, sind diese bei kindlichen Lernern während spezifischer Entwicklungsphasen keineswegs Ausnahmen. Vielmehr sind sie zeitweise mehrfach belegt, bevor sie durch kanonische Muster ersetzt werden.

Interessante, da sehr subtile, Übergangsphänomene zeigen sich auch an der Schnittstelle von Satzform und Satzfunktion. Ein wichtiger Teil der Erwerbsaufgabe besteht darin, die pragmatischen Bedingungen für eine jeweilige Strukturoption zu entdecken. Dabei kann es zeitweise zu **Mismatches** kommen. Dies fällt dann auf, wenn die eigentliche Sprecherbedeutung anhand des Kontextes und der Prosodie erschlossen werden kann. Julias „so tun als ob"- Behauptung in (18), mit stark betonter Kopula und fallender Intonation, produziert nach einer Spanienreise der Familie, illustriert dies (aus Tracy 1991, S. 230).

(18) Julia (2;4): (schaukelt auf ihrem Schaukelpferd)
BIN ich in spanien\
Mutter: Jetzt biste in Spanien?

Wie man sieht, interpretiert die Mutter diese Äußerung ebenfalls als spielerische Assertation, i.e. „Ich bin (jetzt mal) in Spanien."[32]

Anhand des Diskurskontextes erkennt man weitere Abweichungen, die zustandekommen, indem Kinder unmittelbar vorangegangene Äußerungsfragmente in ihre Reaktionen einbauen, vgl. (19) (Tracy 1991, S. 377), eine Art von **Diskurs-Priming** (→ 2.4).

(19) Erwachsene: (nimmt Klötze, baut eine Brücke)
Dann bau ich noch was.
Florian (2;7): (protestiert) NICH so\ (.) eine TREppe bau was\

Sofern derartige Strukturen besonders deutlich aus dem Rahmen dessen fallen, was für eine jeweilige Lernergrammatik als „typisch" gelten kann, zeigt sich, was wir einfangs schon betont haben: die grammatische Kompetenz ist *eine* Sache, die Performanz unter spezifischen kontextuellen Bedingungen und kommunikativem Druck eine *andere*!

Bisher haben wir Beispiele aus dem Bereich der Sprachproduktion angeführt, um den sukzessiven Aufbau syntaktischer Strukturen sowie Übergangsphasen zu illustrieren. Dass Kinder mehr wissen, als sie produzieren, zeigt sich gut in Verstehensexperimenten, in denen getestet wird, inwieweit sie Strukturen wahrnehmen, die sie selbst noch nicht produzieren. So wurde nachgewiesen, dass Kinder, die selbst noch keine Artikel verwenden, auf ihr Auftreten im Input reagieren. Und bevor Kinder Nebensätze produzieren, hören sie lieber, d. h. aufmerksamer und länger, kanonischen Nebensatzstrukturen zu (Höhle 2010).

32 Es gibt natürlich auch V1-Sätze, die keineswegs als Ja/Nein-Fragen oder Imperative zu interpretieren sind, vgl. typische Witzformate: *Sagt ein Schaf zum Rasenmäher: Määä. Sagt der Rasenmäher: Sag mir nicht, was ich tun soll.* Auch in einer Verknüpfung mit Irrealis-Interpretationen finden wir als Alternativen zu *wenn*-Sätzen derartige Strukturen: *Hätte er doch nur geschwiegen! Wenn er doch nur geschwiegen hätte!*

Abschließend seien hier noch zwei weitere Phänomene aus dem Bereich des Sprachverstehens angesprochen: die Interpretation von Passivstrukturen und einfachen W-Fragen. Insbesondere bei Fragen sehen wir Verstehensprobleme, die man als „verdeckt" bezeichnet, weil sie im Alltagsgeschehen nicht unbedingt auffallen, zumal Kinder in dieser Zeit durchaus schon unauffällige W-Fragen produzieren.

Im Passivsatz wird das direkte Objekt des Aktivsatzes zum Subjekt. Eine entscheidende Rolle spielt dabei, ob beide Referenten als Agens in Frage kommen oder eher nicht, vgl. die Beispiele in (20). Unser Weltwissen ließe sowohl Zebras als auch Giraffen als Agenten zu, während wir eine Maus als Löwenjägerin ausschließen würden, von fiktionalen Kontexten abgesehen, denn mit etwas Fantasie ginge natürlich alles!

(20) a. Die Maus wird von dem Löwen gejagt.
b. Der Löwe wird von der Maus gejagt.
c. Die Giraffe wird von dem Zebra gestoßen.
d. Das Zebra wird von der Giraffe gestoßen.

Durch Nachspiel-, Bildwahl- oder Augenbewegungsstudien kann man kindlichen Interpretationen und ihrem (impliziten) Wissen um strukturelle Merkmale auf die Spur kommen. So interpretieren dreijährige Kinder Satz (20a) allein schon aufgrund ihres Weltwissens zielsprachlich, aber ohne dass dabei Syntax und Morphologie eine Rolle spielen müssen. Bei den Sätzen (20c) und (20d) kommt es manchmal zufällig zu korrektem Ausagieren, weil schließlich beide Referenten als Täter in Frage kommen. Satz (20b) hingegen wird fehlinterpretiert, solange nur das Wissen über Mäuse und Löwen Berücksichtigung findet.

Im Unterschied zu jüngeren Kindern orientieren sich Vier- bis Sechsjährige präferiert an der Wortstellung. Sie neigen dazu, das zuerst genannte Nomen als Agens zu interpretieren und würden alle Sätze in (20) deshalb nicht zielsprachlich verstehen. Sechs- bis Achtjährige hingegen beachten die Gesamtstruktur, erkennen die thematische Rolle des Patiens in der Subjektfunktion und berücksichtigen auch sonstige Struktursignale. Die subtile Interaktion von Weltwissen, thematischen Rollen, syntaktischer Funktion, Verwendung eines spezifischen Hilfsverbs (*werden*) und weiterer Struktursignale (Präposition, Morphologie) machen das Verstehen von Passivsätzen komplex. Daher eignen sich Sätze dieser Art besonders als aufschlussreiche diagnostische Testitems für das Sprachverstehen. Dabei zeigt sich eine interessante Diskrepanz zwischen Produktion und Verstehen, denn Kinder verwenden eigene Passivstrukturen durchaus bereits im Alter von drei bis vier Jahren (Fritzenschaft 1994). Hier, wie beim nächsten Phänomen, den W-Fragen, eilt das Verstehen der fortschrittlich klingenden Produktion also *nicht* voraus.

Um W-Fragen zielsprachlich zu interpretieren, müssen Kinder erkennen, nach welcher Art von Konstituente im Satz gefragt wird (*Wer hat dem Hund den Knochen gegeben? Wem hat Max den Knochen gegeben? Was hat ...? Wann ...?*). Das bedeutet, sie müssen ein Fragewort, das an der linken Satzperipherie auftritt, mit einer Lücke im Mittelfeld des restlichen Satzes verknüpfen. Den Ort dieser Lücke erkennen wir, wenn wir im Fall eines nicht vollständig verstandenen Satzes eine sog. Echofrage stellen, denn dann taucht ein betontes Fragepronomen in seiner Basisposition auf (A: Ich habe dem Hund einen Knochen gegeben. B: Du hast WEM einen Knochen gegeben? Du hast dem Hund WAS gegeben?). Kinder benötigen beim L1-Erwerb vom Beginn der Wortkombinationen an gut zwei Jahre, um das Spektrum *einfacher* W-Fragen – also solche mit nur einem Fragewort – zu meistern (Schulz & Tracy 2011, 2018). Multiple W-Fragen (*Wer hat wem was gegeben?*), die *kombinierte* Antworten verlangen (*Max dem Pferd ein Stück Zucker, Moritz dem Hasen eine Möhre*), werden erst einige Jahre später korrekt interpretiert. Die pädagogische Relevanz liegt auf der Hand: Bei schulischen Aufgaben, in denen komplexe Fragen gang und gäbe sind, ist sogar bei Kindern mit Deutsch als L1 noch zum Zeitpunkt der Einschulung mit Verstehensproblemen zu rechnen. Kinder mit Deutsch als L2, also mit geringerer Kontaktzeit bis zum Moment, zu dem ihnen solche Fragen begegnen, benötigen entsprechend länger (Schulz 2013).

4.2.4 Morphologische Feinarbeit

Wie sich allein aufgrund unseres kurzen Abschnitts in Kapitel 3 unschwer erraten lässt, gehört die deutsche Morphologie zu den Ebenen, die in hohem Maß von Idiosynkrasie gekennzeichnet sind. Zugleich lässt sich anhand des schnellen (z. B. Subjekt-Verb-Flexion im Deutschen) vs. allmählichen Auf- und Ausbaus morphologischer Paradigmen (Kasus, Genus, Plural) das systematische Vorgehen von Lernenden besonders gut verfolgen. Um es etwas locker zu formulieren: Lerner sind offensichtlich von irregulären Formen so irritiert, dass sie versuchen, den Input aufzuräumen, indem sie unregelmäßige Paradigmen reparieren. So kommt es nach anfänglich im Sinne der Zielsprache korrektem – weil lexikalisch ganzheitlich gespeichertem – Gebrauch von Wörten, z. B. *ging*, *rief*, zu Übergeneralisierungen wie *gehte*, *rufte*. Wir werden Zeugen einer U-förmigen Dynamik, wobei die kanonischen Formen nach und nach in Kleinarbeit zwischenzeitliche Abweichungen wieder ersetzen (vgl. Yang 2016). Zeitweise Übergeneralisierungen sehen wir auch bei flektierten Modalverben: *ich kanne/musse*, *er willt*, und sogar an der Kopula: *ich bine ein Doktor*. Konvergenz in Richtung Zielsprache kann nur erfolgen, indem Kinder ihre Übergeneralisierungen Stück für Stück mit dem Erwachsenensystem abgleichen und ihre Zwischenlösungen aufgeben. Auch hier sehen wir keine linearen Entwicklungen, sondern grundlegende Reorganisationsprozesse.

Anhand der Morphologie zeigt sich auch besonders deutlich, dass im Deutschen beim Sprachverstehen unterschiedliche Teilsysteme mitmischen. Denken wir allein an Detailinformation, die mit Artikelformen verknüpft ist: neben der ihnen eigenen Semantik und Pragmatik (als definite und indefinite Artikel) und den Regeln ihres Gebrauchs[33] transportieren sie morphologische Hinweise auf Genus, Kasus und Numerus und müssen diesbezüglich, ebenso wie pränominale Adjektive, mit den dazugehörigen Nomina kongruieren. Das dreiteilige Genussystem des Deutschen (zunächst das Femininum und das Maskulinum) sowie die Unterscheidung von Nominativ und Akkusativ manifestieren sich vor dem dritten Geburtstag (Clahsen 1984, Tracy 1986). Einige Jahre lang werden Akkusativformen übergeneralisiert, gelegentlich bis in die Grundschulzeit hinein. In (21a) sieht man, wie ein Dreijähriger spontan Sätze mit dreiwertigen Verben bildet und in (b) auf Aufforderung wiederholt.

(21) a. ich bin unter die Decke
b. Stimulus: Der Mama erzähl ich eine Geschichte
Kind: die Mama erzähl ich eine Geschichte

Die Vielfalt deutscher Pluraloptionen, die sich auch am Nomen manifestiert, schlägt sich ebenfalls in systematischen Abweichungen nieder (vgl.

33 Oft geht man davon aus, dass neue Referenten zunächst durch einen unbestimmten Artikel eingeführt werden sollten: *Ich habe gestern eine Frau auf einem Rad gesehen. Auf einmal verlor sie die Kontrolle über das Rad.* Aber in umgangssprachlichen Registern wird der demonstrative Artikel durchaus zur Einführung neuer Referenten verwendet: *Auf einmal kam diese Frau auf ihrem Rad angerast. Da kam auf einmal diese Frau ...*

Gawlitzek-Maiwald 1994). Insgesamt kann man an dieser Stelle wegen des allmählichen Aufbaus und der Interaktion morphologischer Paradigmen beim L1-Erwerb die sichere Prognose wagen, dass sich die gleichen morphologischen Feinheiten auch in anderen Erwerbsszenarien als Hürden erweisen, insbesondere da man auch noch von einer reduzierten Inputmenge und höherem Alter ausgehen muss.

Aus sprachvergleichender Perspektive betrachtet gibt es noch wesentlich komplexere morphologische Systeme als im Deutschen, aber natürlich auch Sprachen, die auf overte – also sichtbare – morphologische Paradigmen und Kongruenzbeziehungen völlig oder weitgehend verzichten, ohne dass es dabei zu kommunikativen Einbußen käme.[34] Insgesamt ist es in der Tat erstaunlich, was sich an sprachlicher Irregularität immer wieder von neuen Generationen lernen und somit erhalten lässt, und zwar auch dann, wenn Erwerbsszenarien noch wesentlich komplexer werden, wie wir in den folgenden Kapiteln sehen.

4.3 Der „doppelte" Erstspracherwerb

„Don't stör mich, nicht mich stören, in English and German" (Hannah, 2;5)

Viele Kinder wachsen von Geburt an gleichzeitig – daher als 2L1 abgekürzt – mit verschiedenen Dialekten oder unterschiedlichen Sprachen auf. Zu den typischen Szenarien familiärer Sprachverteilung gehört die **Eine-Person-eine-Sprache-Strategie**, wobei Vater und Mutter mit ihren Kindern in unterschiedlichen Sprachen sprechen und zugleich eine dieser Sprachen als gemeinsames Kommunikationsmedium verwenden. Eine der Sprachen der Familie mag zugleich die Majoritätssprache der Umgebung sein.

Die familiäre Sprachpolitik kann noch komplexer sein: Vater und Mutter könnten ihre Kinder zwar in ihren jeweiligen eigenen Erstsprachen (eine, mehrere?) ansprechen, müssten aber vielleicht miteinander in einer weiteren

34 Im Sammelband von Krifka et al. (2014) finden sich informative Überblicke über eine Reihe von Sprachen, die als Herkunftssprachen in Deutschland gesprochen werden, inklusive von Hinweisen dahingehend, wo sich für diese Sprecher aufgrund ihrer Erstsprachen beim Deutscherwerb spezifische Schwierigkeiten abzeichnen.

Sprache als *lingua franca* kommunizieren, weil sie sich wechselseitig sonst nicht verstünden. Verbreitet sind auch Szenarien, in denen Eltern selbst mit der Zeit mehr und mehr zur Majoritätssprache wechseln, auch wenn sie sich gleichzeitig bemühen, die Herkunftssprache in der Familie lebendig zu halten.

Eltern machen sich generell viele Gedanken dahingehend, wie sie es „richtig machen" können und erwarten auch, dass sich Pädagogen in Kitas und Schulen zu entsprechenden Fragen informiert äußern können. Das Durchhalten einer spezifischen Sprachenpolitik ist insbesondere dann nicht leicht, wenn Kinder zeitweise oder prinzipiell die Verwendung einer Sprache verweigern. Intensives Sprachmischen auf Seiten der Kinder, das in der frühen Kindheit durchaus normal ist (s. u.), oder der Eindruck, dass eine Sprache zu kurz kommt, führen manchmal dazu, dass beide Eltern zu nur einer gemeinsamen Sprache wechseln, um sie präferiert zu stützen (vgl. einen solchen Fall in Gawlitzek-Maiwald & Tracy 1996).

Aufgrund einer Fülle vorhandener Studien besteht kein Zweifel daran, dass Kinder problemlos mit mehr als einer Sprache aufwachsen können und dass sie früh fähig sind, ihre Sprachen zu differenzieren und in der Produktion zu separieren. Ob und wann sie ihre Sprachen in ihrer Performanz, d. h. bei der Kommunikation in Echtzeit, getrennt produzieren, steht auf einem anderen Blatt, wie wir gleich sehen werden.

Die Fähigkeit, früh relevante Merkmale parallel erlebter Zielsprachen zu unterscheiden, erkennt man im Fall von Englisch und Deutsch an einem bereits mehrfach angesprochenen Kontrast, nämlich der Abfolge von nicht finiten Verben und ihren Objekten, vgl. (22); beide Äußerungen, (22a) und (22b) wurden im gleichen Alter aufgenommen.

(22) Hannah (2;2)

a.	Mama picking flowers inə garden	Englisch: **VO**
b.	ich das lesen	Deutsch: OV

Bilinguale Kinder sind ebenfalls früh in der Lage, ihre Sprachen – z. B. im Fall der **Eine-Person-eine-Sprache-Strategie** – adressatengerecht zu verwenden. Dies bedeutet allerdings nicht, dass sie es konsistent tun, denn schließlich erkennen sie früh, ob Gesprächspartner beide Sprachen verstehen. Sie können sich auch früh zur Sprachwahl anderer oder ihrer eigenen äußern. In (23) sehen wir nicht nur einen solchen metasprachlichen Kommentar, sondern gleichzeitig auch einen echten **bilingualen Dialog**, da die Mutter überwiegend englisch spricht – Ausnahmen: *Frühstück* und *Kita*, die Präposition *in* könnte deutsch oder englisch sein –, während das Kind bis auf das englische Äquivalent von *Frühstück* (nämlich *breakfast*) deutsch antwortet.

(23) Mutter: In the kita they call it *Frühstück*, don't they?
Hannah: Und du heißt das *breakfast*.

In Kapitel 4.2.2 zum L1-Wortschatzerwerb war die Rede von Prinzipien und hilfreichen Annahmen, die ein Kind dabei unterstützen, sein mentales Lexikon aufzubauen: Ein als neu wahrgenommenes Wort würde demnach als Indiz dafür gewertet, dass auf ein bislang unbenanntes Objekt referiert wird, und angesichts eines bislang unbekannten Objekts erwartet ein Kind eine neue Wortform. Doch wenn Vater und Mutter einerseits in unterschiedlichen Sprachen, andererseits in gleichen Kontexten kommunizieren, begegnen Kinder natürlich unterschiedlichen Bezeichnungen für den gleichen Gegenstand/Sachverhalt – wir erinnern hier auch an Weinreichs Klassifikation in Abbildung (2) (→ 2). Was kann ein Kind aus diesem potenziellen Konflikt schließen? Zwei Optionen sind naheliegend: „Wenn Mama *Vogel* sagt, Papa hingegen *bird*, dann hat sich entweder (mindestens!) einer von beiden versprochen bzw. geirrt oder aber sie sprechen verschiedene Sprachen." Insofern ist das Exklusivitätsprinzip „eine Wortform – eine Bedeutung" sogar auch dann noch hilfreich, wo es offensichtlich durchbrochen wird, wie im Fall mehrsprachigen Aufwachsens.

Wenn simultan bilinguale Kinder ihren Sprachen und den darin verhandelten Themen nicht in den gleichen Kontexten begegnen, wird sich ein Teil ihres Gesamtvokabulars eher im Kontext von Sprache A, ein anderer Teil in Sprache B entwickeln.[35] Es ist daher nicht überraschend, dass sich der Wortschatz entsprechend verteilt, was aber nicht im Sinne des Mythos einer vermeintlichen Halbsprachigkeit gedeutet werden sollte, zumal sich der Gesamtumfang wiederum innerhalb des für den L1-Erwerb erwartbaren Umfangs bewegt.

Die Frage nach dem Verhältnis koexistierender Erstsprachen zueinander sowie die Frage, wie man eventuelle Dominanzverhältnisse empirisch valide erfassen kann, beschäftigt die 2L1-Forschung schon seit langem (Müller et al. 2006, de Houwer 2009). Typischerweise folgt die Entwicklung der Syntax

35 Zum Wortschatz bei dreisprachigen Kindern vgl. Arnaus Gil et al. 2019.

in beiden Sprachen den Meilensteinen der jeweiligen monolingualen Entwicklung. Dies bedeutet jedoch weder, dass sich beide Grammatiken im Gleichschritt entwickeln, noch, dass es keine Interaktion zwischen ihnen gibt. Asynchrone Entwicklungen liefern jedenfalls besonders deutliche Evidenz dafür, dass Kinder Systemeigenschaften der beteiligten Sprachen auseinanderhalten können.

In einem von uns erhobenen deutsch-englischen 2L1-Korpus zeigt sich, welche Struktureigenschaften sich im Deutschen schneller entwickeln können als im Englischen, und zwar sogar in Fällen, in denen im Elternhaus das Englische dominiert (Gawlitzek-Maiwald 2000, Gawlitzek-Maiwald & Tracy 1996, Tracy & Gawlitzek-Maiwald 2005). Das „ärmere" englische Flexionssystem macht es Kindern schwerer zu entdecken, dass Verben mit ihrem Subjekt kongruieren (vgl. *I run/ran, you run/ran, he runs/ran, we run/ran* etc. mit *ich renne/rannte, du rennst/ranntest, er rennt/rannte, wir rennen/rannten*). Daher bleiben in einem Zeitraum von mehreren Monaten (2;2–2;9), in dem die oben zitierte Hannah im Deutschen bereits finite Hilfsverben und Modalverben in der linken Satzklammer produziert, englische Konstruktionen auf nicht finite Strukturen beschränkt, wie wir sie bereits im ersten Kapitel in (1d), *Mummy picking flowers inə garden*, gesehen haben. In Hannahs gemischten Äußerungen finden sich daher an der linken Satzperipherie schon finite deutsche Modal- und Hilfsverben sowie die Subjekte, mit denen sie kongruieren, während der restliche Satz aus nicht finiten Fragmenten des Englischen bestehen kann.

(24) Hannah 2;3
  a. kannst du *move a bit*
  b. ich hab ge*made you much better*
  c. sie haben *gone away*

Diese Art des Code-Mixing verschwindet mit zunehmendem Aufholen des langsameren Englisch. In (25) zitieren wir vergleichbare Mischäußerungen von Deutsch und Italienisch (aus Müller et al. 2006, S. 192).

(25) a. Ich hab gevisto la televisione (‚Fernsehen geschaut')
  b. Kannst du mettere un pò di musica? (‚… ein bisschen Musik auflegen')

Sprachmischung dieser Art sollte nun aber nicht als Verschmelzung internalisierter Repräsentationen zu einem einzigen grammatischen Kenntnissystem gedeutet werden. Vielmehr ist das Mischen schon bei Kleinkindern eine nützliche Strategie unter dem Druck der Performanz in Echtzeit. Dabei können die syntaktischen Baupläne einer Sprache spontan durch das Lexikon einer anderen bestückt werden. In (26), aus Hulk (2000, S. 64f), folgt die Wortstellung dem Niederländischen – wie Deutsch eine V2-Sprache mit nicht finiten Verben in der rechten Satzklammer, sichtbar in (b) – , während das Französische – eine SVO-Sprache wie das Englische – den Wortschatz liefert.

(26)	a.	pour Sophie	est le gateau		(Anouk, 2;7)
		'für S.	ist der Kuchen'		
	b.	beaucoup	de papier	prendre	(Anouk, 3;4)
		'viel	vom Papier	nehmen'	

Mit vergleichbaren Mischstrukturen (Lexikon aus einer Sprache, Syntax aus einer anderen) werden wir uns in Kapitel 6 bei erwachsenen Mehrsprachigen erneut beschäftigen.

Bilinguale Kinder unterscheiden sich darin, ob sie ihre Sprachen intensiv mischen oder eher nicht. Manche Kinder nutzen die fortschrittlichere Sprache auch dann kaum zum Füllen temporärer Lücken, wenn die Asynchronie zwischen simultan verfügbaren Grammatiken sehr ausgeprägt ist (vgl. Tracy & Gawlitzek-Maiwald 2005).[36] Aber auch bei weitgehender Trennung in der Performanz zeigen uns gelegentliche bilinguale Versprecher und ihre Korrekturen deutlich, dass zeitgleich lexikalische Elemente einer zweiten Sprache aktiviert sind. Man vergleiche Beispiel (27), in dem Adam seine Äußerung vor der vollständigen Artikulation der deutschen Konkurrenz von *window*, nämlich *Fenster*, abbricht und repariert. In (28) verschmelzen koaktiviertes *ob* und *if* und werden im zweiten Anlauf wieder separiert.

36 Dies hängt auch damit zusammen, ob sie ihren jeweiligen Gesprächspartnern zutrauen, dass sie verstanden werden, wenn sie zu ihrer anderen Sprache übergehen. Dies zeigte sich bei dem hier des öfteren zitierten Adam sehr deutlich. Als er einmal hörte, dass seine deutschsprachige Gesprächspartnerin nach England reisen wollte, fragte er: „Spricht die Agnes denn Englisch?"

(27)	Erw.:	What's the difference between the door and the window?
	Adam (3;8):	is də fe-/window and here's the door as well
(28)	Adam (5;4):	I found that but I (.) I see (.) see (.) of it's (.) if of (.) ob des schmeckt

Abschließend sei betont, warum sich gerade der 2L1-Erwerb aus theoretischer Perspektive als besonders interessant erweist und unserer Fantasie aus Kapitel 2 vom mehrfachen Aufwachsen in verschiedenen Sprachen wohl am nächsten kommt. Gleich mehrere unabhängige Variablen können in diesem Fall als optimal kontrolliert gelten:

- chronologisches Alter
- kognitive Reife und Verarbeitungskapazität
- sprachunabhängige Persönlichkeitsmerkmale
- allgemeines Weltwissen
- sozioökonomischer Hintergrund

Der 2L1-Erwerb liefert uns also besonders deutliche Evidenz dafür, wie sich die relative Komplexität der beteiligten Sprachen auf Erwerbsgeschwindigkeit und Erwerbswege auswirkt.

Simultan bilinguale Kinder beweisen vor allem, wie gut sich Sprachen selbst dann erwerben lassen, wenn sie sich zeitliche Ressourcen teilen müssen. Wir können also auch mehr über den für den Spracherwerb benötigten Input in Erfahrung bringen. Der 2L1-Erwerb bedeutet allerdings nicht halbierte Zeit für jede der beteiligten Sprache. Schließlich könnte ein mehrsprachiges Kind in jeder einzelnen seiner Sprachen mengenmäßig betrachtet mit mehr Input in Kontakt kommen als ein einsprachiges Kind, das in einer kommunikationsarmen Umgebung aufwächst.

Die wenigen angeführten Beispiele lassen auch erkennen, dass die Analyse von gemischten Äußerungen und die Identifikation der relativen Anteile verschiedener Sprachen für die Forschung kein einfaches Unterfangen ist; unter anderem dann nicht, wenn sich die beteiligten Sprachen strukturell ähneln und viele Kognate aufweisen. In diesem Zusammenhang: Werfen Sie doch noch einmal einen Blick zurück auf Beispiel (26): Interferieren bei *is də fe-/window* nur die beiden Nomen *Fenster* und *window*? Wir würden jedenfalls nicht steif und fest behaupten, dass *is* oder *də* eindeutig dem Deutschen zuzuordnen wären. Vielleicht ist Ihnen diese **Grauzone** – eine für Sprachkontaktphänomene sehr treffende Metapher von Clyne (1987) – ja auch beim Lesen schon aufgefallen.

4.4 Der frühe Zweitspracherwerb

Vom **frühen, sukzessiven Zweitspracherwerb** (fL2) spricht man, wenn der Kontakt mit einer neuen Sprache einsetzt, nachdem die L1 bereits einen zeitlichen Vorsprung hat. Ein für Deutschland typischer Fall liegt vor, wenn ein Kind mit einer nicht deutschen L1 mit Eintritt in eine Kindertagesstätte in regelmäßigen Kontakt mit dem Deutschen kommt. Trotz der Bezeichnung „sukzessiv" laufen für dieses Kind in beiden Sprachen, seiner L1 und seiner L2, weiterhin viele Entwicklungen parallel, obwohl es sich in jeder Sprache in einem anderen Erwerbsstadium befindet. In ihren Erstsprachen sind fL2-Lernerinnen bereits Expertinnen im Sprachenlernen und recht welterfahren. Sie verfügen über viele Konzepte und L1-Bedeutungen, die sie nur mit neuen Wortformen versehen müssen.

Ein mit Türkisch aufwachsendes Kind hat sich im Alter von drei Jahren nicht nur die Syntax einfacher Sätze seiner L1 (SOV), sondern mit hoher Wahrscheinlichkeit auch schon das im Vergleich mit dem Deutschen viel einfachere Kasussystem des Türkischen angeeignet. In seiner L2 Deutsch muss es nun eine andere Syntax (V2 im Hauptsatz, VE nur im Nebensatz) entdecken und einem morphologisch sehr viel komplexeren und mit anderen morphologischen Merkmalen (Genus, Numerus) konfundierten Kasussystem auf die Spur kommen. Für letzteres muss es sich zudem eine Wortklasse aneignen, auf die das Türkische verzichtet: Artikel.

Wir grenzen hier, im Einklang mit dem Gros der Forschung, den frühen L2-Erwerb auf den Erwerbsbeginn zwischen 2 und 5 Jahren ein, im Wesentlichen auf den Vorschulbereich. Longitudinal- und Querschnittsstudien zeigen, dass beim fL2-Erwerb in einer **Immersionssituation** (Sprachbad) – also der Einbettung in natürliche, intensive Kommunikation – die Gemeinsamkeiten mit dem L1-Erwerb in syntaktischen Kernbereichen überwiegen (vgl. Rothweiler 2006, Thoma & Tracy 2006, Schulz & Tracy 2011, Müller et al. 2018). Manche grammatische Eigenschaft ist sogar, absolut betrachtet, schneller erschließbar als beim L1-Erwerb. Schließlich sind fL2-Kinder im Vorschulalter bereits höchst kompetente Sprecher mindestens einer L1, erleben sich im besten Fall selbstbewusst als solche und haben sich auch in anderen kognitiven Bereichen altersgemäß entwickelt. Aufgrund ihres Weltwissens und bewährter L1-Wortlernpraxis ist zu erwarten, dass sie zügig Assoziationen zwischen Kontexten und zeitgleich erlebten Äußerungen herstellen. Für viele lebensweltlich relevante Ereignisse, Zustände und Gegenstände verfügen sie auch schon über Konzepte, auch wenn sie vielleicht in der L1 anders lexikalisiert werden als in der L2, worauf wir in Kapitel 3 schon hingewiesen hatten.

Beim frühen L2-Beginn stehen die Chancen für eine weitgehende phonologische Konvergenz mit der Zielsprache besonders gut. Dafür, aber auch für die Geschwindigkeit der syntaktischen Progression, kann man mehrere Erklärungen heranziehen. Dazu gehören in erster Linie Annahmen über noch verfügbare Erwerbsstrategien der frühen Kindheit und noch nicht abgeschlossene Reifungsprozesse des Gehirns, über die zielstrebige Fokussierung auf syntaktisch und semantisch besonders relevante Kategorien sowie die „starting small"-Strategie, von der oben im Zusammenhang mit dem L1-Erwerb bereits die Rede war. Nicht zu unterschätzende Vorteile bestehen – im Gegensatz zu älteren Lernern – in weniger eingefahrenen artikulatorischen Abläufen sowie höchstwahrscheinlich auch in geringeren Hemmungen, zumal die Wahrscheinlichkeit demotivierender Erfahrungen im Vorschulalter geringer sein dürfte als später, nach Eintritt in die Grundschule.

Für den Erwerb der Struktur deutscher Hauptsätze mit finiten Verben in der linken Satzklammer und dem Verbleib nicht finiter Verben und trennbarer Partikeln in der rechten Satzklammer benötigen Kinder mit fL2-Deutsch und unterschiedlichsten Erstsprachen – unter der Voraussetzung intensiven Inputs – 6 bis 12 Monate. Nebensätze mit finiten Verben in der rechten Satzklammer sind nach 12 bis 24 Monaten belegt (Rothweiler 2006, 2007, Schulz & Tracy 2011; Thoma & Tracy 2006). Damit sind Kinder mit Deutsch als früher Zweitsprache, vom Zeitpunkt des ersten Kontakts mit ihrer L2 gerechnet, geradezu beeindruckend schnell, in absoluter Kontaktzeit gerechnet sogar schneller als L1 Lerner.

Wie beim L1- und 2L1-Erwerb zeigen sich interindividuelle Unterschiede zwischen Lernern, und zwar auch bei Lernern gleicher Erstsprachen. Longitudinalkorpora belegen, dass der Umfang des L2-Verbwortschatzes ein guter Prädiktor für die Geschwindigkeit ist, mit der sich Kinder die Satzklammer aneignen: Je mehr unterschiedliche Verben ein Kind verwendet, desto schneller gelingt es ihm, die Satzklammer aufzubauen und zielsprachlich zu besetzen. Ein einleuchtender Grund für die Geschwindigkeit des Erwerbs der Verbplatzierung besteht darin, dass sich die Satzklammer unabhängig von der Semantik von Wörtern und Sätzen entwickeln kann. Schließlich liefert ja *jede* Mehrwortäußerung mit einem nicht finiten verbalen Element Lernern ausschließlich Evidenz für die rechte Satzklammer, und jedes finite Verb Evidenz für die rechte oder linke Satzklammer.

Als langwieriger als die Verbstellung und die Subjekt-Verb-Kongruenz erweist sich der fL2-Erwerb bei Eigenschaften, die auch im L1-Erwerb (relativ) spät erschlossen werden, wie die Details der Genus-, Kasus- und Pluralmarkierung. Sie sind u. a. wegen der in Kapitel 3 schon beschriebenen Nichttransparenz morphologischer Paradigmen komplexer. Diese morphologischen Systeme sind also, ebenso wie der Wortschatz, in besonderem Maße davon abhängig, was die Umgebung an Detailinformation zur Verfügung stellt. Begegnen Kinder ihrer fL2 vor allem im Kitakontext, kommt hinzu, dass es wegen des Geräuschpegels schwer sein dürfte, subtile phonetische Unterschiede in der Sprache von Erwachsenen wahrzunehmen, auf unterschiedliche Phoneme zu schließen und morphologische Paradigmen zu rekonstruieren: Wurde *ihn, ihnen* oder *ihm, den, denen* oder *dem* gesagt? In Bereichen, deren Erwerb in hohem Maß von der Zufälligkeit des Inputs abhängig ist, beobachten wir daher erhebliche qualitative und quantitative Unterschiede und unterschiedliche Erwerbswege, auch wenn sie schließlich und endlich auf das kanonische System hin konvergieren (Lemke 2009, Kaltenbacher & Klages 2006).

Die Beispiele in (29) stammen von drei Kindern mit Deutsch als früher Zweitsprache, aufgenommen nur wenige Wochen nach ihrem Kita-Eintritt. Wir sehen zunächst rudimentäre Wortkombinationen (Meilenstein II), aber drei bis sieben Monate später syntaktisch weitgehend kanonische Hauptsätze mit deutlich erkennbarer Satzklammer (Meilenstein III).

(29)	a.	3;4	Fenster Hause nicht (= Das Haus hat kein Fenster)
		3;7	Der will auch mitgehn
	b.	3;3	Ich auch. Was das? (= Was ist das?)
		4;0	Ich habe beste Freund. Mein Papa hat nicht gekauft.
	c.	3;5	So machen, Hände waschen
		4;0	Er hat Wufwuf gemacht. Dann hat er geweint.

Für die Markierung von Genus und Kasus müssen Lerner zunächst einmal die dafür relevanten Trägerelemente entdecken. Dies ist schon bei Varianten des L1-Erwerbs trotz generell üppigerer Lerngelegenheit ein zeitlich aufwändigerer Prozess als die Konstruktion der Satzklammer. Selbst unter der Annahme, dass fL2-Lerner noch auf besonders leistungsfähige Erwerbsstrategien zurückgreifen können, lassen sich die kleinteiligen morphologischen Systeme nur erschließen, wenn die Umgebung – das heißt beim fL2-Erwerb: frühkindliche Bildungseinrichtungen – in Form relevanten Inputs ihren Teil leistet.

Schließlich gibt es, wie beim L1/2L1-Erwerb, beim fL2-Erwerb **verdeckte Erwerbsprobleme** beim Verstehen diverser Satztypen, u. a. bei der Interpretation von W-Fragen, die das bereits geschilderte Identifizieren syntaktischer Lücken (Subjekt, direktes oder indirektes Objekt, Adjunkte) notwendig machen. Immerhin benötigen selbst Kinder mit Deutsch als L1 gut zwei Jahre, bis sie das Spektrum einfacher W-Fragen verstehen. Kinder, die erst mit drei Jahren oder später mit dem L2-Erwerb beginnen, benötigen diese Zeit ebenfalls (Schulz 2013).

Angesichts des Vorsprungs der L1 liegt beim fL2-Erwerb – wie überhaupt beim L2-Erwerb jeglicher Variante – die bereits diskutierte Hypothese nahe, dass positiver und negativer Transfer vorhandener L1-Ressourcen eine wichtige Rolle spielen. Doch dies ist nicht generell der Fall, denn auch ungeachtet sehr unterschiedlicher Erstsprachen sind sich frühe L2-Lerner der gleichen Zielsprache ähnlicher, als wir es beim Transfer ihrer L1-Eigenschaften erwarten würden.

4.5 Der Zweitspracherwerb nach der frühen Kindheit und im Erwachsenenalter

Die Frage, warum es beim L2-Erwerb mit zunehmendem Alter zu größeren Divergenzen von zielsprachlichen Grammatiken kommt und warum man so leicht als Zweit- oder Fremdsprachlerner erkannt wird, gehört zu den am längsten diskutierten Fragen der Spracherwerbsforschung (vgl. Birdsong 1999, Meisel 2011). Eine plausible Erklärung besteht darin, dass älteren Lernern angeborene Strukturerwartungen und/oder die beiläufigen, besonders effizienten Lernstrategien der frühen Kindheit nicht mehr zur Verfügung stehen und dass sie daher auf kognitive Ersatzstrategien ausweichen müssen. Als besonders relevant erwies sich Lennebergs (1967) Hypothese einer „kritischen Phase" (*Critical Period Hypothesis*).

Nach der **Hypothese einer „kritischen Phase"** können Menschen nach abgeschlossener Spezialisierung ihrer beiden Gehirnhälften in der Pubertät, der sogenannten *Lateralisierung*, neue Sprachen nicht mehr wie Erstsprachen erwerben.

Mittlerweile geht man nicht länger von einer *einzigen kritischen* Phase aus, sondern vielmehr von verschiedenen *sensiblen*, für spezifische Stimuli der Umgebung besonders empfänglichen Entwicklungs*fenstern*.

Dies bedeutet nicht, dass man sich bei einem Erwerbsbeginn nach dem Kindesalter bestimmte Diskriminier- und Produktionsfähigkeiten, die Kleinkindern in die Wiege gelegt wurden, überhaupt nicht mehr antrainieren könnte, aber eben um den Preis des Übens sowie der dafür wiederum benötigten Motivation. Mit dem Alter steigt die Fähigkeit, bewusste Strategien – also auch **gelerntes Lernen** – und verbesserte Speicherkapazitäten zu nutzen, also andere Fähigkeiten in die Waagschale zu werfen, inklusive des Lernens durch explizite Instruktion, Feedback und Selbststudium.

Generell sei noch einmal betont, dass mit dem Alter die Annäherung an die L1-Kompetenz in einer neuen Sprache zur Ausnahme wird, nicht zur Regel. Dies gilt insbesondere für L1-Eigenschaften, die eine hochautomatisierte Koordination von Artikulationsorganen benötigen, die sich bei der Produktion von Sprachen mit anderen Lautsystemen, Silbenstrukturen und prosodischen Mustern nicht einfach umprogrammieren lassen. Gerade bei der Aussprache zeigt sich der Einfluss eines L1-Systems besonders deutlich. Die Nomen in (30) illustrieren, wie sich die türkische Vokalharmonie und die Vermeidung von Konsonantenclustern bei der Produktion deutscher Wörter manifestieren (Keim 2012, S. 5, Schreibweise beibehalten; vgl. auch Schroeder & Şimşek 2014). In (31) sieht man, wie anderen Sprachen entlehnte Fremdwörter, die im Original eine Anhäufung von Konsonanten aufweisen, durch die Ergänzung des /u/ der offenen japanischen Silbenstruktur angepasst werden (Sauerland & Yatsushiro 2014, S. 277 und 279).

(30) a. des filim nix gut
b. meine schewester und meine buruder nix hier

(31) a. Strumpf → schuturumpufu
b. (Frau) Merkel → Merukeru

Daher ist nachvollziehbar, warum Erwachsene und Kinder mit L1 Türkisch oder Japanisch, wenn sie aufgefordert werden, deutsche Wörter zu wiederholen, Abweichungen produzieren, die sich an spezifischen Mustern ihrer L1 orientieren (Müller et al. 2018; für Beispiele mit Russisch als L1 vgl. Soultanian 2012). Auch die anhaltenden Probleme deutscher Muttersprachler bei der Produktion interdentaler englischer Frikative (*think*, *thorough*, *bathe*) können aufgrund der Nichtexistenz dieser Phone im Deutschen nicht überraschen.

Ebenfalls in Abhängigkeit vom jeweiligen Sprachpaar finden sich **Beschleunigungseffekte**, also positiver Transfer. Haberzettl (2004) stellte beispielsweise fest, dass sich die von ihr untersuchten Schüler mit L1 Türkisch die rechte Satzklammer des Deutschen schneller erschließen als Kinder mit L1 Russisch, das eine freiere Wortstellung aufweist. Denn dank der kanonischen SOV-Abfolge des Türkischen verfügen türkischsprachige L2-Lerner des Deutschen bereits über eine Struktur, die ihnen die Entdeckung deutscher Verben in der rechten Satzklammer erleichtern sollte. Umgekehrt leuchtet unmittelbar ein, warum Haznedar (2013, S. 10) einen anfänglich negativen Transfer bei L2-Englischlernenden mit Koreanisch und Persisch als L1 (beides SOV-Sprachen) diagnostizierte, nämlich *ball playing*, *Newcastle going*, *Monday apple eat*. Wäre in diesem Fall Deutsch die L2, würde man wohl, wie im Fall der türkischsprachigen Kinder in Haberzettls Studie, *Ball spielen*, *Newcastle gehen* etc. erwarten und als positiven Transfereffekt werten bzw. nicht ausschließen. Vergleichbares Transferpotential aufgrund spezifischer Kontraste zwischen diversen Erst- und Zweitsprachen wird von Vainikka & Young-Scholten (2011) diskutiert.

Allein aufgrund des steigenden Erwerbsalters fallen uns leicht Gründe ein, warum und wann sich bereits verfügbare L1-Ressourcen als besonders nützlich erweisen sollten, unter anderem im Hinblick auf das Lösen unmittelbarer kommunikativer Probleme. Stellen wir uns vor, wir müssten ohne Übersetzungshilfe in einer von uns nur bruchstückhaft beherrschten Sprache einer Ärztin Symptome beschreiben oder Gespräche mit Behörden, Fach- und Lehrkräften führen. In diesen Fällen bestünde eine massive Diskrepanz zwischen komplexer Konzeptualisierung und einer voll funktionsfähigen L1-Grammatik einerseits und reduzierten Äußerungsoptionen in der L2 andererseits. Die spontane Lexikalisierung einer in einer L1 geplanten Struktur durch verfügbare L2-Wörter ist in Momenten, in denen Schweigen kontraproduktiv wäre, eine überaus sinnvolle Lösung, unter anderem im Vertrauen auf die kontextuelle Einbettung und die kooperativen Inferenzstrategien eines Gegenübers.

Im Folgenden richten wir unser Augenmerk vorrangig auf Lernende, bei denen das Dilemma zwischen voll funktionsfähiger L1 und reduzierten L2-Ressourcen und die damit einhergehende Frustration über wahrgenommene Einschränkungen ständige Begleiter sind. Der Umgang damit ist natürlich stark von individuellen Faktoren und den Reaktionen der Umwelt (kritisch, abwertend, ermutigend etc.) abhängig.

Wie beim Spracherwerb in der frühen Kindheit sind bei zunehmendem Alter bei Beginn des Sprachkontakts interindividuelle und intraindividuelle Variation einerseits und Systematik andererseits kein Widerspruch. Vielmehr lassen sich essenzielle Merkmale struktureller Baupläne meistens auch dann noch erkennen, wenn die Realisierung im Detail divergiert – sofern man weiß, wonach man Ausschau halten sollte! Dabei gewinnt immer wieder die Frage Relevanz, welche Art von Input Lernern tatsächlich zur Verfügung steht. Die Bedeutung dieser Frage lässt sich gut anhand der Daten zum ungesteuerten Erwerb des Deutschen durch sog. „Gastarbeiter" illustrieren, die vor Jahrzehnten im Rahmen von Quer- und Längsschnittuntersuchungen erhoben wurden (Clahsen et al. 1982, Klein & Perdue 1997).[37] Viele Lerner verharrten trotz langjähriger Aufenthalte in Deutschland in einem rudimentären Erwerbsstadium. In vorhandenen Aufnahmen, z.T. basierend auf Interviews, finden sich oft explizite Aussagen zu fehlendem Sprachkontakt, vgl. dazu in (32) einen L1-Sprecher des Italienischen (aus Vainikka & Young-Scholten 2011, S. 140 und 179).

(32) In Fabriken eh nis so viel spreche Deutsch

Anzunehmen ist, dass ein erheblicher Teil des Inputs von deutschsprachiger Seite aus einem stark vereinfachten Register bestand, Ferguson (1981) folgend als **Foreigner Talk** bezeichnet. Im besten Fall gehörten dazu kanonische VP-Fragmente mit nicht finiten Verben (*Schrauben dann so drehen/dann so Schrauben drehen*). Aber wahrscheinlich wurden auch nicht kanonische Muster produziert (*Du dann so drehen Schrauben*). Biographische Aussagen unterstreichen, dass außerhalb des Arbeitsplatzes ebenfalls wenig lebensweltlicher Kontakt zu deutschen Muttersprachlern bestand und dass an den jeweiligen Arbeitsplätzen Personen unterschiedlicher L1 beschäftigt waren,

37 Informative Überblicke über die Ergebnisse dieser Forschung finden sich u. a. in Keim 2012, Deppermann 2013; für den Bezug zur internationalen Spracherwerbsforschung s. Meisel 2011, Watorek et al. 2011, Vainikka & Young-Scholten 2011.

die allesamt über sehr rudimentäre Deutschkenntnisse verfügten. Es kann daher nicht überraschen, dass aufgrund des eingeschränkten Kontakts mit der Majoritätssprache Lernergrammatiken in einem frühen Entwicklungsstadium fossilisierten.

Mit (32) vergleichbare Strukturen finden sich in der Erzählung (33) einer Frau mit L1 Türkisch nach sieben Jahren Aufenthalt in Deutschland (aus Keim 2012, S. 88). Sie arbeitete mit Sprechern diverser Erstsprachen in einem Schnellrestaurant und hatte ebenfalls laut eigener Angaben kaum Kontakt mit Vertretern der Mehrheitsgesellschaft. Man beachte dennoch die Platzierung nicht finiter Verben in der rechten Satzklammer, parallel zu ihrer L1, und das häufige Fehlen von Subjekten, im Türkischen auch eine kanonische Option. Der Stern * in diesem Transkriptauszug entspricht dem Originaltranskript und weist auf kurze Pausen hin, Pfeile auf steigende oder fallende Intonationsverläufe.

(33) mich sehr schwer * aber nix verstehen ⇑ schwer * bissele verstehn ⇑ nix schwer machen * ich auch erste kommen ganz schwer machen* deutsch schwer gut sprechen * mich schwer* armer kopf * ich viel denken * kinderler denken * * turkei denken * mutter papa alles denken * und dann nix deutsch machen * verstehn ⇑[38]

Klein & Perdue (1997) betrachteten rudimentäre Äußerungen der Art von (33) als Belege für die Existenz einer grammatischen Repräsentation, die sie als **Basisvarietät** bezeichneten. Auch wenn einige lexikalische Wortklassen belegt sind, fehlen typischerweise funktionale Kategorien und Flexive (Artikel, Hilfsverben, Subjekt-Verb-Kongruenz), die für den schichtenweisen Aufbau von Sätzen verantwortlich sind. Laut Klein und Perdue entwickeln sich 30 % der Grammatiken der von ihnen betrachteten Personengruppen nicht über diese Phase hinaus.

38 Keim (2012, S. 89) führt folgende Interpretation an: „für mich ist es sehr schwer * wenn man nichts versteht ist es sehr schwer * wenn man ein bisschen versteht ist es nicht so schwer * als ich kam war es sehr sehr schwer * für mich ist es schwer * mein armer kopf * ich denke viel nach * ich denke an die Kinder * ich denke an die Türkei * an meine Mutter meinen Vater und alles * und dann habe ich keinen Platz für Deutsch * verstehst du“. Man beachte auch die morphologische Doppelmarkierung des Plurals (deutsch und türkisch) in *kind-er-ler*.

Allerdings: Sofern die Erwerbsdynamik in Gang bleibt, finden sich in der Folge Subjekt-Verb-Kongruenz, Tempusmarkierung, die Kopula, Hilfs- und Modalverben, auch wenn Äußerungen oft weiterhin durch die nicht kanonische Positionierung finiter Verben in Haupt- und Nebensätzen oder Auslassungen auffallen, vgl. (34) aus Vainikka & Young-Scholten (2011).

(34) 10 Jahre Kontakt
 a. Manchmal ich bin bei de meine Kollegen
 b. Warum (= weil) ich muss immer sagen was ich will

Diese Sätze sind mit dem Muster vergleichbar, das wir im ersten Kapitel unter (1 f) zitiert hatten, hier als (35) wiederholt.

(35) Mit Hauptsatz ich habe keine Probleme, nur mit Nebensatz.

Bei (35) handelt es sich um die Äußerung einer fünfzigjährigen Lettin, die nach ihrer Einreise fünf Jahre lang als Pflegekraft in einer deutschsprachigen Familie lebt und seit mehreren Monaten an einer Volkshochschule Integrationskurse besucht. Damit gehört sie in ein Erwerbsszenario, in dem ungesteuerter und durch Unterricht gesteuerter Erwerb zusammentreffen. Übrigens: Hätte die Sprecherin den Plural von *Haupt-* und *Nebensatz* verwendet, würde man nicht einmal die Artikel vermissen. Dann würde uns nur noch die Verbstellung (kein V2) als nicht kanonisch auffallen.

Bei erwachsenen L2-Lernern finden wir beim allmählichen Strukturaufbau ähnliche Zwischenlösungen wie in den Lernergrammatiken von Kindern, u. a. in der Art und Weise, wie Subtypen von Verben in die jeweiligen Systeme integriert werden. Wir hatten bei unserer Beschreibung des L1-Erwerbs bereits darauf hingewiesen, dass Hilfsverben anfänglich als formal undifferenzierte Platzhalter (z. B. *hədə*) an der linken Satzperipherie auftreten, auch wenn *haben* als finites Hauptverb zeitgleich schon in der kanonischen V2-Position zu finden ist und nachweislich mit dem Subjekt kongruiert. Vergleichbares wurde sowohl für Englisch als auch für Niederländisch in Form der Kopula der 3. Person Singular bzw. des Hilfsverbs *be* nachgewiesen, vgl. (36) (aus Verhagen 2013, S. 283) von einem L2-Lerner des Niederländischen.

(36) De meneer Blaw is springen.
 Der Herr Blau is springen (‚Herr Blau springt')

Dimroth & Schimke (2012, S. 3) fanden bei erwachsenen L2-Lernern des Deutschen zuerst Auxiliare in V2, während Hauptverben finit oder nicht finit in der rechten Satzklammer verblieben (*Aber ich nicht fahre. Er hat nicht die Zug gesehen*). Offensichtlich waren die Lerner der (impliziten) Überzeugung, dass die Strukturbereiche links der Verbalphrase zunächst nur spezifischen Hilfsverben vorbehalten sind und nicht allen finiten Verben.[39]

Vainikka & Young-Scholten (2011) begleiteten in einem Forschungsprojekt drei jugendliche amerikanische Austauschschüler im Alter von 15, 16 und 17 Jahren, die ohne vorherige Deutschkenntnisse für ein Schuljahr nach Deutschland kamen und bei Gastfamilien untergebracht waren. Von allen dreien liegen im monatlichen Abstand erhobene Daten vor, u. a. aus gezielten Elizitationen. Alle drei hatten vor Beginn des Schuljahrs nur für vier Wochen Sprachunterricht im Rahmen eines Orientierungskurses. Die Progression des Erwerbs der Satzstruktur entspricht dem, was Sie mittlerweile anhand der Ausgangs-L1 Englisch erwarten würden, hier nur mit wenigen Hauptsatzmustern eines Lerners (Paul) illustriert.

(37) a. Datei 1 S. 148–149
Peter lernen die Buch (lernen = lesen)
Der Kinder trinken der Schokolade

b. Datei 2 und 3, S. 180–181
Der Mann nicht bauen ein Bett
Die Mann nicht fahren die --no
Die Mann [lacht] nicht Auto fahren

c. Datei 4, S. 154 und 207
Die Mädchen immer die Buch lesen
Wir haben vier Käse gegessen
Sie hast uh hast Brot gekauft

Paul startet mit einer einfachen VP mit nicht finiten Verben und Argumenten, entsprechend Meilenstein II, aber nicht mit dem Verb in der rechten Satzklammer. Sein Satzmuster basiert auf seiner L1. In (37b) fällt auf, dass sich das Verb nicht über die Negation in eine V2-Position bewegt, aber wir erhalten auch Hinweise auf die Neuorientierung des verbalen Kopfes in die kanonische

39 Auch mit Deutsch als L1 aufgewachsene Sprecher bilden sogenannte *tun*-Periphrasen, z. B. *ich tu das jetzt da reinlegen*, die lediglich stilistisch verpönt sind. In dieser Konfiguration übernimmt das finite *tun* ebenfalls eine Art von Platzhalter-/Dummy-Funktion.

Position am Satzende (*Auto fahren*). In (37c) schließlich erkennt man neben SOV auch Evidenz für eine vollständige Satzklammer mit Hilfsverb und Partizip. Vainikka & Young-Scholten erwähnen, dass sich in Pauls Daten oft gefüllte Pausen (*uh*, das englische Äquivalent von *äh*) und metasprachliche Reaktionen (z. B. Lachen) finden und kommentieren dies folgendermaßen:

> Paul's frequent laughter during tasks is an indication of his awareness of his non target-like production coupled with his discomfort at being powerless to alter it when being observed. (Vainikka & Young-Scholten 2011, S. 181, Fn. 141).

Wir denken, diese explizit markierte Hilflosigkeit lässt sich gut nachempfinden!

In späteren Aufnahmen finden sich auch eingeleitete Nebensätze, oft mit abweichender Positionierung finiter Verben. Aber bedenkt man, dass wir vom Beginn eines „Kaltstarts“ – Ankunft in Deutschland – nur einen Erwerbszeitraum von wenigen Monaten in den Blick genommen haben, ging die Entwicklung zweifellos sehr schnell und in die richtige Richtung. Beim Kasus und Genus, so die Autorinnen, bewegt sich wenig. Auch das kann uns nicht überraschen, weil nach der kurzen Orientierungsphase kein Deutschunterricht stattfand.

Betrachten wir abschließend noch einen völlig anders gelagerten Fall: eine amerikanische Studentin, die nach einigen Jahren Deutschunterricht an einer Highschool und zwei Jahren Studium in den USA zu einem Auslandsaufenthalt nach Deutschland kam und Deutschkurse besuchte. Das folgende, geradezu sokratische schriftliche Zitat zeigt, wie gut sie wichtige Merkmale der deutschen Grammatik beherrscht.

(38) Je mehr ich weiß, desto mehr ich weiß, daß ich nicht viel weiß.

Ein kleines Detail kennt sie offensichtlich (noch) nicht oder es ist ihr im Moment des Schreibens nicht präsent: Der von *desto* eingeleitete Satz sollte kanonisch dem Schema eines V2-Hauptsatzes folgen (*desto mehr weiß ich*). Die Studentin notierte diese Sätze in einem handschriftlichen Tagebuch, das sie mit „Tagesbuch“ betitelt. Sie weiß also, dass das Fugen-*s* eine Option der deutschen Komposition ist. Die folgenden Beispiele entstammen dem gleichen Text. Orthographie und Interpunktion entsprechen dem handschriftlichen Original.

(39) Ich fühle schuldig, weil ich am Anfang vergessen habe.

In (39) vermisst man sowohl ein Reflexivpronomen (*mich*, das Argument von *fühlen*) als auch ein Objekt (*das/es*, Argument von *vergessen*). Zieht man in Betracht, worum es geht – sie hatte vergessen, einer älteren Gastgeberin Blumen mitzubringen –, würde man idiomatischer sagen: *Ich habe ein schlechtes Gewissen/Schuldgefühle/Es ist mir peinlich/unangenehm.* Pate stand wahrscheinlich *I feel guilty because I forgot,* also ein englischer Hauptsatz und ein Nebensatz, in denen weder Reflexivpronomen noch direktes Objekt benötigt werden. An Stelle von *am Anfang* wären wohl eher *zunächst* oder *am Anfang meines Aufenthalts in Deutschland* Kandidaten der Wahl. Betrachten wir nun noch eine längere Passage des Tagebuchs, die über das inkonsistente Genus von *Uni* (einmal femininum, einmal maskulinum) und orthographische Interferenz (*organizierter*) hinaus, ein interessantes Muster erkennen lässt.

(40) In Amerika ist die Uni strukturierter oder organizierter. Aber auch gibt es mehrere Leute[40] hier an der Uni. Auch ist es „kostenlos". (O. K. nur 100 DM oder etwas). Wenn ich $18.000 in Amerika bezahle, will ich als Baby zu behandeln. Ich meine, daß ich will, der Uni mir zu sagen, wo, wann, wer, und was ich tun muß (z. B. ob es eine Änderung gibt.). Auch will ich die Professor kennen.

Über ihre interessanten Einsichten in Unterschiede zwischen US-amerikanischen und deutschen Hochschulen hinaus gewinnen wir gute Einblicke in die deutsche Grammatik der Studentin. Wir sehen V2 im Hauptsatz und Verbend im eingeleiteten Nebensatz. Syntaktisch auffällig sind die Infinitivkomplemente, und doch wird auch hier eine wichtige Regularität des Deutschen beachtet: nicht finite Verben folgen ihren Komplementen. Hinzu kommt, dass *wollen* in seiner Funktion als Modalverb einen Infinitiv verlangt (*ich will jemanden behandeln/jemandem etwas sagen*). Nur: Im ersten Fall fehlt *werden* sowie die Verwandlung des lexikalischen Verbs in ein Partizip (*ich will als Baby behandelt werden*). Im zweiten Fall ist *wollen* Hauptverb und benötigt einen finiten Komplementsatz (*ich will, dass die Uni mir etwas sagt*). Aber es gibt auch innerhalb des Deutschen rivalisierende Konstruktionen, die hier Pate gestanden haben könnten: *Ich erwarte/verlange von der Uni, mir zu sagen …* Wichtig ist, dass es sich bei diesen Infinitivkonstruktionen nicht um einfache Lehnübersetzungen, also direkten Transfer eines Musters

40 Gemeint ist: Mehr Leute (= Studierende in Seminaren) als an ihrer amerikanischen Universität.

handelt. Obwohl englisch *treated as/like a baby* und *want the university to tell me* höchstwahrscheinlich eine Rolle spielen, so ist das Ergebnis nicht einfach eine lineare Übersetzung, weil sich zentrale Aspekte der Wortstellung nach der deutschen Grammatik richten.

Die Durchschlagkraft des deutschen Satzschemas zeigt sich in dieser Textpassage ebenfalls durch die auffällige Platzierung von *auch* im Vorfeld, also an einer für diese additive Partikel eher ungewöhnlichen Stelle. Zwar finden wir solche Konstruktionen auch im Standarddeutschen, aber sie setzen sehr spezifische Kontexte voraus.[41] In dem Tagebuch hingegen handelt es sich, wie schon dem kurzen Passus entnommen werden kann, um ein sehr häufiges Satzmuster. Dies zeigt, dass die V2-Platzierung besonders stringend eingehalten wird.

Der Text weist auch eine Reihe lexikalischer Besonderheiten auf (*kennen*, analog zu *know* statt *kennenlernen*. Kanonisch wäre eher *die Professoren/Professorinnen (mal) kennenlernen*. Wir sehen also insgesamt eine komplexe Kombination von Merkmalen deutscher und englischer Grammatik. Aber selbst da, wo sich eine Lehnübersetzung als Erklärung anbietet, ist diese nicht direkt, sondern wird durch eine deutsche Grammatik gefiltert, d. h. die nichtfiniten Verben stehen am Ende, wie es die deutsche Syntax verlangt: *der Uni mir zu sagen* vs. *the university to tell me.*

4.6 L1 Deutsch als Herkunftssprache

Wie verändert sich eine L1, wenn typische Erwerbskontexte und damit ihre Einsatzmöglichkeiten und ihr Marktwert im Kontext einer Mehrheitssprache zunehmend eingeschränkt werden? Betrachten wir in diesem Zusammenhang ebenfalls Tagebuchdaten einer etwa zwanzigjährigen Amerikanerin. Ein wesentlicher Unterschied zu der soeben erwähnten Studentin besteht darin, dass sie als Tochter deutscher Auswanderer in New York geboren wurde und von Geburt an mit Deutsch als familiärer L1 aufwuchs. Sie ging in New York in eine englischsprachige Schule, hatte allerdings zusätzlichen Deutschunterricht, so dass sie Deutsch lesen und schreiben lernte. Die Zeilen in (41) notierte sie im Alter von 19 Jahren in einem ihrer handschriftlichen Tagebücher. Die Orthographie des Originals wurde beibehalten.

41 Völlig unauffällig hingegen wäre folgende Sequenz: *In dem Interview betonte die Ministerin* [...]. *Auch sagte sie bei der Gelegenheit* [...].

(41) a. Um sechs Uhr stand ich auf um zu studieren für meine Geschichte Prüfung.
b. Wir werden PT sprechen hören über *existentialism.*
c. Ich fühlte gut.
d. Jungen ruften an. Ich rufte sie heute morgen an.
e. Wir liefen ins Wasser und genießten die Sonne.

Die wichtigsten Charakteristika der deutschen Syntax sind zweifellos vorhanden, u. a. die Satzklammer. Nach allem, was wir bisher über die Durchsetzungsfähigkeit elementarer syntaktischer Strukturen beim kindlichen Spracherwerb wissen, hätten Sie es wohl auch nicht anders erwartet: Strukturen, die typischerweise früh erworben werden, werden auch von Sprechern von Herkunftssprachen – sie sind ja L1-Lerner und ***native speaker*** – beizeiten erworben und erweisen sich als stabil, im Unterschied zur Variabilität morphologischer Paradigmen.

Zugleich sehen wir in (41a) und (41b) Konstituenten im Nachfeld, die im schriftsprachlichen Standarddeutschen präferiert präverbal platziert würden. Darüber hinaus fällt die nicht kanonische Form mancher – nicht aller – unregelmäßiger Verben auf, ebenso ein abweichendes Kompositum (*Geschichte Prüfung*, nach *history exam*) sowie die Wortwahl *studieren* statt *lernen*, lexikalisiert auf der Grundlage von englisch *to study for*; ebenso bemerken wir die Entlehnung von *existentialism*. In (41c) erkennt man ebenfalls ein dem Englischen geschuldetes Muster ohne Reflexivpronomen (*I felt good*).

Die Forschung zu unterschiedlichen **Heritage-Sprachen** zeigt ein Kontinuum von sehr rudimentären bis hin zu hohen mündlichen und schriftlichen Kompetenzen.[42] Dies überrascht nicht, wenn man bedenkt, dass individuelle Erfahrung, inklusive der Intensität des Sprachkontakts und des Zugangs zu bildungssprachlichen Ressourcen in einer L1 sehr stark variiert. Gleichzeitig sind diese Sprecher in ihren Majoritätssprachen unauffällig.

Der Beispieltext in (42) stammt aus einer breit angelegten komparativen Studie, in der erwachsene und jugendliche bilinguale Sprecher diverser Herkunftssprachen und monolinguale Sprecher der jeweiligen Majoritäts-

42 Brehmer & Treffers-Daller 2020, Polinsky 2018; für Deutschland vgl. Anstatt 2007, Brehmer & Mehlhorn 2018 zum Russischen, Keim 2007, 2012 zum Türkischen.

sprachen vor die gleichen Aufgaben gestellt wurden.[43] Sie alle beschrieben mündlich und schriftlich eine fiktive Unfallszene, die man ihnen als kurzen Videoclip zeigte. In der Szene kam es aufgrund der Verkettung von Ereignissen zu einem harmlosen Auffahrunfall: Einem Mann fällt ein Ball aus der Hand, ein Hund springt auf den Ball zu, ein Auto muss deshalb abrupt stoppen und der Wagen dahinter kann nicht schnell genug bremsen.

(42) Ist gärbt ein man der auf die seite von der strasse gelauft ist. Der hat mit ein ball geschpield, und der ball ist auf die strasse gerolled. Auf die anderen seite, gabst ein hund der nach den ball gerannt ist. Der hund ist auf die strasse gerannt, und das auto der im park platz volte, muste schnelle schtoppen. Dan ist ein anderen auto in dem auto rien gefart. (USbi56MD_fwD)

Auch ohne unsere vorherigen Ausführungen hätten Sie sofort eine Fülle von abweichenden Wortformen erkannt, die sich der englischen Schreibung bzw. der Lautung deutscher Wörter (*geschpield, schtoppen*) verdankt. Sie sähen auch Auffälligkeiten in der Kasus- und Genusmarkierung, von Partizipien (*gelauft, gefahrt*), sowie einige formelhafte Besonderheiten (*ist gärbt, gabst*). Viele dieser Abweichungen würden Sie nach unseren bisherigen Ausführungen wahrscheinlich auch erwarten.

Wir nehmen aber auch an, dass Sie in Folge unseres beharrlichen Wiederholens syntaktischer Eigenschaften deutscher Sätze problemlos erkannt haben, dass die Syntax dieser Sätze nicht nur komplex – es gibt in der kurzen Passage drei Relativsätze! –, sondern auch bezüglich der Platzierung finiter und nicht finiter Verben einwandfrei ist.

43 Vgl. Wiese (2020) zum methodischen Vorgehen. Es handelt sich um die DFG-Forschungsgruppe RUEG (Research Unit Emerging Grammars), in der Sprecher diverser Herkunftssprachen (Türkisch, Russisch, Griechisch, Deutsch) in den USA und in Deutschland untersucht werden (www.rueg.de) Das Korpus ist über Open Access verfügbar (https://zenodo.org/record/5808870#.Y06K8S-23q1). Schriftliche Texte bestehen aus einer informellen Textnachricht per Handy an Freunde sowie aus einem formellen, auf einem Laptop getippten Zeugenbericht an eine Hotline der Polizei. An die gleichen Adressen gehen informelle und formelle mündliche Nachrichten.

4.7 Fazit

Obwohl in diesem Kapitel unterschiedliche Erwerbskontexte in den Blick genommen wurden, zeigte sich Folgendes: Menschen sind auch unter erschwerten Erwerbsbedingungen gute Sprachlerner. Ergebnisse der Forschung zum natürlichen Spracherwerb helfen uns zu verstehen, welche Fülle von Faktoren einen Einfluss auf Erwerbsprozesse und -resultate haben. Das Alter und die damit einhergehende kognitive und emotionale Reife bei Erwerbsbeginn sind wichtige, aber nicht die einzig relevanten Größen. Zwar sind Kinder durch ihre beiläufigen Erwerbsstrategien besonders begünstigt, aber auch mit zunehmendem Alter bleibt hinreichend Potential, das den Verlust der weitgehend unfehlbaren Strategien der frühen Kindheit kompensieren kann. Das Potential bewussten Lernens nach der Kindheit einerseits und die bereits in der Kindheit verfügbare metasprachliche Reflexion sind wichtige Verbündete für das *Lernen lernen* im schulischen Kontext.

Unser Anliegen war es, Einblicke in Spielarten des beiläufigen, außerhalb der Schule stattfindenden Spracherwerbs zu vermitteln, mit nur kurzen Abstechern in Szenarien, in denen der Erwerb durch Unterricht gestützt wurde. Wir haben uns auf den Erwerb des Deutschen konzentriert und sind nur marginal auf den Erwerb anderer Sprachen eingegangen. In unserem Überblick blieben auch weitere Erwerbsszenarien ausgeblendet, z. B. der simultane oder sukzessive Erwerb dritter und weiterer Sprachen und ihre wechselseitige Beeinflussung. Verzichtet wurde auch auf eine Diskussion atypischer Verläufe bei Kindern mit einer spezifischen Spracherwerbsstörung, die immerhin 6–8 % eines Jahrgangs trifft und damit die häufigste Entwicklungsstörung der frühen Kindheit ist, wobei Mehrsprachigkeit als Ursache ausgeschlossen werden kann (Schulz 2007).

Die wichtigsten Ergebnisse des Kapitels lassen sich folgendermaßen zusammenfassen.

Strukturaufbau ist systematisch. Beim Erwerb in der frühen Kindheit (L1, 2L1, fL2) erkennen Lerner zügig zentrale syntaktische Eigenschaften der beteiligten Zielsprachen. Syntaktisch besonders wichtige Merkmale, wie die konsistente Platzierung von Köpfen (z. B. OV vs. VO) werden früh entdeckt. Sogar dann, wenn Abweichungen auftreten, liegen sie im Bereich zulässiger Grammatiken und damit möglicher menschlicher Sprachen. Unterschiede zwischen L1 und 2L1-Lernern sind vor allem quantitativer Natur. Nicht kanonische Muster, die im L1-Erwerb marginal sind, können bei mehrsprachigen Kindern dank der Interaktion mit ihrer weiteren Sprache häufiger auftreten.

Erwerbsaufgaben sind dann besonders komplex, wenn sie die Schnittstellen zwischen Teilsystemen involvieren. Dies zeigt sich beispielsweise im Deutschen beim Erwerb der Kasusmarkierung, deren spezifische Formen von der jeweiligen syntaktischen Funktion (z. B. als Subjekt, direktes oder indirektes Objekt) sowie der Interaktion mit dem Genus und dem Numerus abhängen und die noch dazu an verschiedene Träger (Artikel, Attribute, manchmal an Nomen selbst) verteilt werden müssen.

Vergleichbare Probleme, vergleichbare Lösungsversuche. Über alle Szenarien hinweg finden sich ähnliche Strategien des Umgangs mit Erwerbsaufgaben und manifestieren sich in gezielten Auslassungen, Platzhalterphänomenen,[44] Übergeneralisierungen, bei Mehrsprachigen auch in Anleihen bei der jeweils anderen Sprache.

Grammatik ist eine Sache, die Bearbeitung kommunikativer Aufgaben unter Echtzeitbedingungen eine andere. Manche als Abweichung auffallende Struktur beruht auf einer pragmatisch durchaus sinnvollen Orientierung an einer unmittelbar vorangehenden Äußerung vgl. dazu als letztes Beispiel (43) (aus Tracy 1991, S. 326).

(43)	Vater:	Du, was hast'n du mit der Andrea gemacht?
	Stefanie (2;6):	mit ihr AUa gemacht\
	Hintergrund:	S. hatte ihrer kleinen Schwester wehgetan.

Insgesamt kann man festhalten, dass sich Abweichungen für unsere pädagogischen und didaktischen Ambitionen als besonders hilfreich erweisen, wenn man sie in Systemzusammenhängen „lesen" kann. Lerner, egal welchen Szenarios, verraten uns eigentlich deutlich, welche Teilsysteme für sie schwer erschließbar sind und wo Qualität und Quantität des Inputs gezielt optimiert werden sollten. Dies zeigt sich besonders dramatisch im Fall des durch Unterricht völlig ungestützten L2-Erwerbs im Erwachsenenalter, den wir u. a. in Kapitel 4.5 thematisiert haben.

44 Zu vergleichbaren Dummy-Phänomenen bei kindlichen und erwachsenen Lernern vgl. die Beiträge in Blom et al. 2013.

Aufgaben

1. Dies ist eine Übung zur Einschätzung von Erwerbsfolgen. Welchen Meilensteinen würden Sie die folgenden Äußerungen von J. zuordnen?

a.	(zur Mutter)	Mami bus fahrn/
		Mami auch kinderzimmer gehn/
	(zeigt auf Bild)	dazə bus\ … dazə leute\
b.	(über einen Hund)	wenn der Leo auf mein bett geht
		verbitte ich ihn das\
	(bastelt)	ich muss noch probiern was ich das kann
c.	(baut)	ich bau ein turm mit ein uhr\
	(zeigt auf Bilder)	da izə brei … da zins noch kinder\

2. Was ist an den folgenden Beispielen jeweils Englisch, was Deutsch? Wo (und warum) fällt eine Unterscheidung schwer?

   a. ich will ein chimney builden
   b. ich cover mich(-)self up

Anregungen für Diskussionen, Projekte und zum Weiterlesen

1. Viele Ihrer Schüler haben Familienmitglieder mit eigener Migrationsbiographie. Regen Sie sie dazu an, einen Podcast oder eine Tonaufnahme mit einem Interview dazu anzufertigen. Anhand dieses Interviews lassen sich sowohl Lernersprachen als auch Aussagen zur Migrationserfahrung untersuchen. Beispiele für Interviews finden Sie auf www.ruegram.de.
2. Zur Anregung einer Diskussion über frühe kommunikative Fähigkeiten von Kleinkindern eignet sich der YouTube-Film *Twins Talking* (https://www.youtube.com/watch?v=_JmA2ClUvUY);
3. Lektüreanregungen für Diskussionsstoff findet man über den Verband binationaler Familien und Partnerschaften (https://www.verband-binationaler.de/) und das Netzwerk Harmonious Bilingualism https://www.habilnet.org/science/#resources; vgl. auch https://bilingual-babies.com/.
4. Sofern Ihre Schüler oder Studierenden sich bereits an Förderiniativen in Kitas und Schulen beteiligen, finden Sie in dem Buch und den Materialien von Voet Cornelli et al. (2020) Anregungen sowie zu den theoretischen Grundlagen eine gute Einführung.

5 Literacy

Lesen und Schreiben sind Schlüssel zu Bildung und Werkzeuge gesellschaftlicher Teilhabe. In diesem Kapitel geht es um unsere Lese- und Schreibfähigkeit und darum, wie diese auf der in Kapitel 3 thematisierten Sprachkenntnis aufbaut, sich beim Erwerb entwickelt und mit welchen Herausforderungen mehrsprachig Schreibende und Lesende konfrontiert werden. Ein wichtiges Anliegen besteht darin zu verdeutlichen, dass funktionale Literalität in engem Zusammenhang mit Einsichten in sprachliche Varietäten und Register zu sehen ist. Anders als der typische Erstspracherwerb ergibt sich literale Kompetenz nicht zwangsläufig. Vielmehr handelt es sich um eine Kulturtechnik, deren konventionalisierte Eigenschaften man sich durch Übung aneignen muss.[45]

Beim Lesen geht es im Fall alphabetischer Schriftsysteme darum zu lernen, dass Buchstaben bzw. **Grapheme**[46] spezifische Laute repräsentieren und dass Buchstabenkombinationen Wortbedeutungen zugeordnet werden. Geübte Leserinnen erkennen Schriftbilder holistisch und können schnell auf die Bedeutung von Wörtern zugreifen, ohne über ihre Lautstruktur gehen zu müssen, d. h., sie müssen sich nicht vorstellen oder lautieren, wie Buchstabenfolgen ausgesprochen werden. Unerfahrene Leserinnen hingegen nehmen genau diesen Weg über die Lautstruktur. Beim Schreiben gehen wir umgekehrt vor. Wir haben eine Idee, die visuell repräsentiert werden soll. Ist ein passender Satz geplant, muss er Wort für Wort aufgeschrieben werden. Dazu greifen wir auf unser Schriftbildgedächtnis zurück und schreiben bekannte Wörter schnell und motorisch flüssig; bei unvertrauten Wörtern nehmen wir wieder die Lautstruktur und orthographische Regeln zur Hilfe.

45 Man spricht heute auch von *Multiliteracies,* die sich nicht nur auf Text im klassischen Sinne beziehen, sondern beispielsweise auch auf Zahlen, Grafiken, Symbole – denken Sie an Emojis! – und multimediale Texte. Zudem sind diese vielfältigen Arten von „Texten“ noch in soziale und kulturelle Interaktionen eingebettet, die einen Einfluss auf die jeweilige Interpretation eines Textes haben, vgl. Taylor & Leung (2020, S. 2) und Band 8 der *LinguS* Reihe.

46 Ein Graphem wird hier verstanden als eine Kombination aus Buchstaben, denen ein bestimmter Lautwert entspricht, z. B. <sch> = /ʃ/. Vgl. Eisenberg (2000, S. 291) für eine Liste der deutschen Grapheme und Meletis (2019) zur Diskussion der Definition von Graphem.

Diese Beschreibung ist stark vereinfacht. Sie geht davon aus, dass wir einem geschriebenen Wort jeweils *eine* Bedeutung zuordnen können, doch so verhält es sich nicht immer. Die in Kapitel 3 beschriebenen Mehrdeutigkeiten stellen auch beim Lesen eine Herausforderung dar. Woran denken Sie, wenn Sie <Käfer> lesen? Wie wir in (1) und (2) sehen, wird in Abhängigkeit vom Kontext ein anderer Referent evoziert.

(1) Der blaue Käfer rollte langsam die Straße entlang.
(2) Der blaue Käfer krabbelte langsam am Blattrand entlang.

Auch die morphologische Struktur (→ 3) von Wörtern spielt beim Lesen eine Rolle. Was verstehen Sie beim Lesen von (3)?

(3) Jahrmarktstute

Haben Sie dieses Wort als *Jahrmarkt-stute* segmentiert? Von uns intendiert war hingegen *Jahrmarkts-tute* (eine Alternative zu *Tröte*). Wenn geübte Leserinnen solchen Wörtern begegnen, dann poolen sie ihr morphologisches, semantisches und orthographisches Wissen, ebenso ihr Wissen um den weiteren Kontext, um unsinnige oder mindestens unwahrscheinliche Interpretationen auszuschließen.[47]

5.1 Literacy im monolingualen Kontext

Wie schon die einführenden Beispiele gezeigt haben, fließt in Lese- und Schreibprozesse viel grammatisches Wissen ein. In Abhängigkeit vom jeweiligen Schriftsystem werden unterschiedliche sprachliche Einheiten kodiert. Im Deutschen werden Satzgrenzen durch Interpunktion gekennzeichnet, Wörter durch Leerzeichen (Spatien), und die Großschreibung erleichtert das Erkennen von Nomen. Anhand des folgenden Beispiels lässt sich dies nachvollziehen.

(4) WIESCHONDIEEINFÜHRENDENBEISPIELEGEZEIGTHABENFLIEß-TINLESEUNDSCHREIBPROZESSEVIELGRAMMATISCHESWISSENEI-NINABHÄNGIGKEITVOMJEWEILIGENSCHRIFTSYSTEMWERDE-NUNTERSCHIEDLICHESPRACHLICHEEINHEITENKODIERT.

47 Weiteres, vor allem mehr Details, zu den Themen dieses Kapitels finden Sie in Steinig & Ramers 2020, Bredel et al. 2011.

Dieser Text entspricht zwar Buchstabe für Buchstabe den ersten beiden Sätzen des Absatzes davor, ist aber schwerer zu lesen, weil Wortgrenzen und Satzgrenzen nicht markiert sind. Auch zusätzliche Segmentierungshilfen wie Bindestriche, Klammern und Punkte sind weggefallen, und die Identifikation von Nomen und Nominalisierungen ist erschwert, weil nur Großbuchstaben verwendet wurden. Das heutige Deutsche hat also eine ziemlich leserfreundliche Schrift.[48] Ein weiterer Faktor, der die Lesegeschwindigkeit und das Leseverstehen beeinflusst, ist die Größe des bereits vorhandenen Wortschatzes. Lesen fällt umso leichter, je mehr Wörter eine Leserin bereits kennt und durch ihr lexikalisches Netzwerk aktivieren kann.[49]

Was passiert nun beim Lesen? Nehmen wir an, ein Kind, das gerade lesen lernt und bereits Buchstaben kennt, wird mit der ihm bislang unbekannten Wortform <Biene> konfrontiert. Also lautiert es das Wort möglicherweise Buchstabe für Buchstabe, graphem- oder silbenweise.[50] Diese sogenannte phonologische Rekodierung ergibt im ersten Fall [b iː eː n eː], im Fall der silbenbasierten Rekodierung flüssiger [biː nə]. Ein Kind, welches das gesprochene Lexem *Biene* kennt, gewinnt so über die Lautstruktur Zugang zur Wortbedeutung. Abbildung (8) fasst diesen Prozess schematisch zusammen.

Ein Kind, das weder das Wort noch das damit verknüpfte Konzept kennt, mag zwar die Lautstruktur entziffern, gewinnt darüber aber keinen Zugang zu einem im mentalen Lexikon bereits vorhandenen Eintrag. Zu hoffen ist dann, dass sich dieses Kind mit Hilfe des Kontexts (gesprochen, geschrieben oder durch Illustration) erschließen kann, worauf das unbekannte Wort referiert. In diesem Fall würde sich das Kind durch die Lektüre das Wort *Biene*/<Biene> und gleichzeitig das Konzept BIENE aneignen.

48 Zu einem Vergleich von Leseprozessen in verschiedenen Sprachen vgl. Tzeng et al. 1996. Schrift war nicht immer so (relativ) klar orthografisch geregelt. Auf alten Inschriften kann man oft noch Text ohne Spatien sehen. Mit dem nach ihm benannten Rechtschreibebuch DUDEN, beeinflusste Konrad Duden Ende des 19. Jahrhunderts die Entwicklung einer einheitlichen Rechtschreibung im deutschen Sprachraum maßgeblich.

49 Hirsh & Nation (1992, S. 692) kommen zu dem Schluss, dass 98 % der Wörter in einem Text bekannt sein müssen, um „pleasurable reading", also angenehmes und erfolgreiches Lesen zu ermöglichen.

50 Zur Bedeutung der Silbe für das Schreiben im Deutschen vgl. Bredel et al. 2011 und Röber 2013.

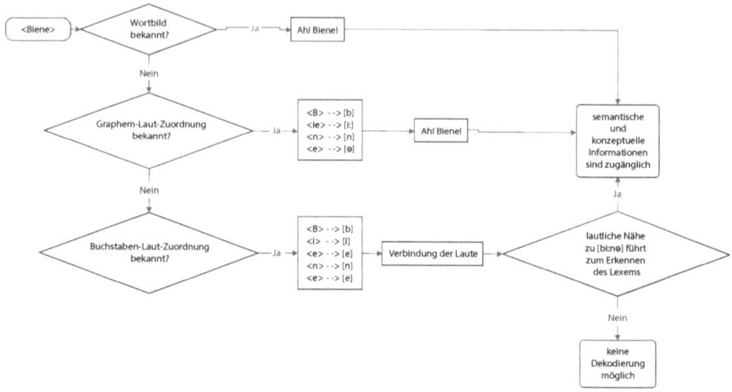

Abb. 8: Schematische Darstellung des Leseprozesses

5.2 Wie kommen monolinguale Kinder zu diesen Fähigkeiten und Fertigkeiten?

Sowohl beim Lesen- als auch beim Schreibenlernen unterscheidet die Forschung drei bis vier Entwicklungsstufen bzw. Strategien (u. a. Bredel et al. 2011):[51]

- präliterat
- logographisch
- phonetisch
- orthographisch

Präliterat sind Erfahrungen, die Kinder schon ab ihrer ersten Begegnung mit Schrift und Text sammeln können, z. B. hinsichtlich der Schreibrichtung oder durch visuell unterschiedliche Schreibvarianten (Block- und Schreibschrift). Abbildung 9 zeigt eine solche Kombination verschiedener Formen. In diesem Fall schrieb ein Vorschulkind aus einem Bilderbuch das Wort <Feueralarm> buchstabengetreu in Blockschrift ab. <OMA>, <MARIO> und <ALEXA>

51 Wir präferieren die Bezeichnung *Strategien*, da auch erfahrene Leserinnen und Schreiberinnen auf einfachere Strategien zurückgreifen können. Bezeichnungen für Phasen variieren je nach Autorin. Wolf (2010, Kap. 6) unterscheidet beispielsweise *baldige Leser, Leseanfänger, entziffernde Leser, flüssig verstehende Leser, fortgeschrittene Leser* und *Leseexperten*.

hingegen wurden frei, also ohne unmittelbares Vorbild, geschrieben; weitere Zeilen wurden in Annäherung an Schreibschrift gekritzelt. Man erkennt Schwungbögen, mit Fantasie den einen oder anderen Buchstaben, aber keine Wörter. *A note from A Super Kid* stand übrigens schon auf dem Notizzettel.

Abb. 9: Schreibbeispiel eines Vorschülers

Logographische Strategien helfen, Namen oder Schriftzüge als Ganzes wiedererzukennen und sie zu malen. In dieser Phase sagen Kinder z. B. „Da steht *Polizei!*", sofern sie den blauweißen Schriftzug als Bild abgespeichert haben, und sie fragen „Was steht denn da?" oder „Wie heißt der Buchstabe?"

Danach setzt **phonologisches Schreiben und Lesen** ein. Hat ein Kind zuvor /en/ und /te/ als Bezeichnungen für <N> und <T> gehört, schreibt es folgerichtig <NT> für <Ente>. Daraus resultieren phonetische Schreibungen („schreiben wie man spricht"), vgl. Abb (10).

Abb. 10: Phonetische Schreibung eines Erstklässlers von <beleidigt>

Nach Schuleintritt und dank zunehmender Erfahrung mit orthographischen Regeln nähert sich die kindliche Schreibung der standardsprachlichen Orthographie an, aber es finden sich noch lange phonologische (vgl. *Computer* und *Spiel* in Abb. 11) und orthographische Schreibungen im gleichen Text.[52]

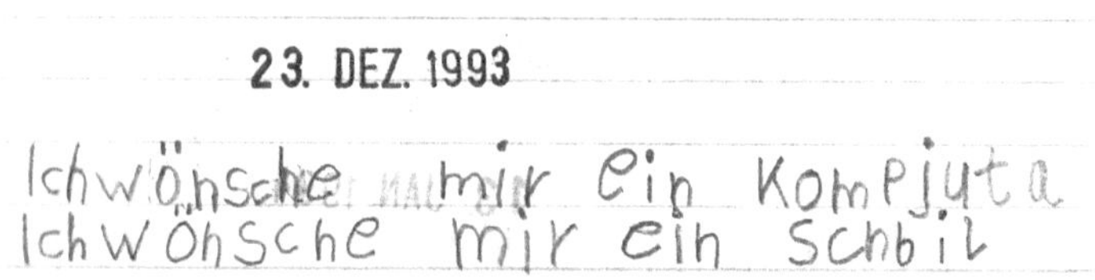

Abb. 11: Schreibbeispiel Erstklässlerin

5.3 Wie kommen Mehrsprachige zur Biliteralität?

Wenn Menschen nach erster Schrifterfahrung in ihrer L1 in einer zweiten Sprache lesen und schreiben lernen, durchlaufen sie nicht erneut alle oben genannten Etappen. Sie wissen schließlich schon, wie dies „im Prinzip" funktioniert, müssen sich aber das jeweilige Schriftsystem und die orthographischen Regeln einer weiteren Sprache aneignen. Welche Kontraste spielen dabei eine Rolle?

Wir unterscheiden drei Arten von Schriftsystemen: **Alphabetschriften** (wie oben beschrieben), **Silbenschriften** und **logographische Schriften**. Silbenschriften basieren wie Alphabetschriften auf Einheiten der Lautstruktur, aber auf Silben. Logographische Systeme hingegen stehen für Sinneinheiten, also Morpheme oder Wörter. Wenn Kinder in einer neuen Sprache lesen und schreiben lernen, die analog ihrer L1 ein Alphabet verwendet, wissen sie

52 Unser Dank geht an Katharina Babczyk, die uns ihre Schriftproben aus der Grundschule zur Verfügung gestellt hat.

bereits, dass Schriftzeichen für Laute stehen. Folgerichtig gehen sie anfangs auch in ihrer zweiten Sprache davon aus, dass gleiche Schriftzeichen mit ähnlichen oder gleichen Lautwerten verknüpft sind. Im Fall des lateinischen Alphabets gibt es zwischen germanischen und romanischen Sprachen einiges an Transferpotential. Doch bei einer Kombination mit dem Russischen, das mit dem kyrillischen Alphabet geschrieben wird, verhält es sich anders. Trotz vieler identischer Buchstabenformen entsprechen Grapheme im Russischen einem anderen Lautwert, z. B. <P, p> dem Laut /r/.

Die Forschung hat mittlerweile gezeigt, dass mehrsprachige Kinder ohne Nachteile in mehr als einer Sprache literalisiert werden können (Karajoli & Nehr 1996). Kinder, die zwei stark differierende Alphabetschriften lernen, wie etwa Englisch und Hebräisch[53], haben gegenüber einsprachigen oder englisch-französischen Kindern sogar einen Lernvorsprung, offenbar bedingt durch die Notwendigkeit, die eigene Aufmerksamkeit auf formale Kontraste der Schriften zu richten. Neuere Forschung mit mehrsprachigen Jugendlichen (deutsch-türkisch und deutsch-russisch) zeigen wenige Fehlschreibungen, und dann vor allem in spezifischen Bereichen (Großschreibung, Getrenntschreibung).

Beim L2-Erwerb Erwachsener zeigt sich, dass das Lesen in der zweiten oder in der subjektiv als schwächer empfundenen Sprache anstrengender und langsamer verläuft als in der ersten oder stärkeren Sprache (vgl. Segalowitz 1986, zitiert in Bialystok 2009b, S. 179). Dabei spielt eine Vielzahl von Faktoren eine Rolle: die Sprachkompetenz in der gesprochenen Sprache inkl. des Lexikonumfangs, der Schwierigkeitsgrad des zu lesenden Textes, Weltwissen und fachliche Expertise.

5.4 Biliteralität und schriftliche Kontaktphänomene

Was bedeutet es eigentlich, biliterat zu sein? Wie bei der Mehrsprachigkeit im Allgemeinen handelt es sich um einen komplexen, facettenreichen und dynamischen Zustand, der von vielen Faktoren abhängig ist. Unternehmen wir dazu einen kleinen Versuch: Was kann man beispielsweise dem folgen-

53 Im Hebräischen werden Vokale normalerweise nicht in der Schrift repräsentiert, es werden andere Schriftzeichen verwendet, und es wird von rechts nach links geschrieben. Entsprechendes gilt für Arabisch und andere semitische Sprachen, vgl. Krifka et al. 2014.

den Auszug aus einem niederländischen Kinderbuch entnehmen, wenn man Deutsch lesen und schreiben kann?

(5) Hendrika was een koe die niet gelukkig was. Ze woonde op een boerderij.
De hele zomer door at ze gras.
De hele winter lang at ze hooi.
De hele winter en zomer deed ze niets anders dan eten.
(Krasilovsky 2013, ohne Seitenangaben)

Auch wenn man kein Niederländisch spricht und das begleitende Bild nicht sieht, versteht man wahrscheinlich, dass es um eine unglückliche Kuh geht. Im Sommer frisst sie nur Gras, im Winter nur Heu, und ansonsten hat sie nichts zu tun.[54]

Wie erschließen wir uns dies? Wir sehen Wörter, die – von Groß- und Kleinschreibung abgesehen – mit deutschen Wortformen identisch sind (*gras*, *lang*, *winter*, *anders*) und nehmen an, dass sie dasselbe bedeuten wie im Deutschen, d. h. dass es sich nicht um „falsche Freunde“[55] handelt. Weitere Wörter weisen ein anderes Schriftbild auf, aber sie lassen uns dennoch an weitere Kognate denken (u. a. *koe*, *zomer*, *ze*, *woonde*, *hooi*). Bei vielen Wörtern können wir auch auf unsere Englischkenntnisse zurückgreifen. Damit haben wir uns eigentlich schon den gesamten Text erschlossen, ohne ein Wörterbuch oder *Google translate* zu bemühen. Abgesehen vom Wortschatz hilft uns natürlich auch die parallele Syntax von Deutsch und Niederländisch. Bedeutet unser Erfolg nun, dass wir biliterat deutsch und niederländisch sind? Eher nicht. Vielmehr ist dies nur ein Beleg dafür, wie wir unsere sprachlichen Ressourcen nutzen, um uns Unbekanntes zu erschließen.

Wir werden in Kapitel 6 zeigen, dass diverse Kontaktphänomene in mündlichen und schriftlichen Produktionen bilingualer Sprecherinnen normal und in Abhängigkeit von Ähnlichkeiten zwischen den beteiligten Sprachen gewissermaßen unvermeidlich sind. Es stellt sich daher die Frage, wie sich

54 Wörtlich übersetzt lautet der Text: Hendrika war eine Kuh, die nicht glücklich war. Sie lebte auf einer Farm. Den ganzen Sommer durch fraß sie Gras. Den ganzen Winter lang fraß sie Heu. Den ganzen Winter und Sommer tat sie nichts anderes als fressen.

55 Unter „falschen Freunden“ versteht man Wörter aus zwei Sprachen, die formal gleich aussehen, aber Unterschiedliches bedeuten, z. B. engl. *art* (‚Kunst‘) und deutsch *die Art*, wie in „Art und Weise“, „Sorte“).

Kontaktphänomene in schriftlichen Texten manifestieren. Dazu betrachte man folgende Beispiele.

(6) Getippter Text eines bilingualen (2L1) sechsjährigen Erstklässlers ohne englischen Schriftsprachunterricht (aus Tracy 2008, S. 124)
Daddy broht mi in de aftrnun tu mei Tennis lesesens.
After 1 auer hi did pick mi ap.
Den yie did dreif tu Daddys office.
In de Kar ei did ask Daddy yen mam wud kam.
Daddy sad: „Schi genne koll as ap."
Denn yie yor in Daddys office.
Denn i did reit dis letter.
End

(7) (Text der bilingualen Schülerin Matilda (16;6, L1 = Deutsch, L2 = Englisch) nach langjährigem Aufenthalt im englischsprachigen Ausland wieder in Deutschland)
In ganz Europa, ist Finnland einer der meist fortgeschrittenen Ländern, wenn es sich um das Schulsystem handelt.

Beide Beispiele illustrieren, wie bilinguale Schreiberinnen sprachübergreifendes Wissen für ihre Schreibungen nutzen. In (6) überträgt ein Kind, das bisher nur im Deutschen schreiben lernte, sein Wissen über die Systematik der deutschen Orthographie auf Englisch. In <broht> (*brought*) hat möglicherweise das Wissen um das deutsche Dehnungs-h zum Erhalt des Graphems <h> beigetragen; <auer> (*hour*) ist eine gelungene phonetische Annäherung an das Zielwort, ebenso die Schreibung der meisten anderen Wörter. Das Graphem <y> wird mehrfach als Ersatz für den im Deutschen nicht existenten Laut /w/ verwendet, <d> als gute Approximation an <th>. Bemerkenswert ist auf syntaktischer Ebene die nicht kanonische, da nicht emphatische Verwendung von *do*-Support – möglicherweise ein Versuch, dem formellen Genre eines schriftlichen Berichts gerecht zu werden.

Der zweite Text (7) von einer Jugendlichen mit Deutsch als L1 enthält zwar einige Abweichungen von der deutschen Standardsprache, doch die Kernsyntax mit den verschiedenen Verbpositionen ist kanonisch. Die Verfasserin lebte bis einschließlich der neunten Klasse im Ausland und besuchte dort englischsprachige Schulen. Abgesehen vom abweichenden Genus bei *einer*, fallen vor allem Anleihen aus dem Englischen auf. Ihre Formulierung

„der meist fortgeschrittenen Länder" klingt wie eine Lehnübersetzung von *the most advanced countries.* Die Konstruktion „wenn es sich um das Schulsystem handelt" ist zwar in diesem Kontext unidiomatisch, wäre in anderen Kontexten aber perfekt. Gemeint ist *in Bezug auf das Schulsystem.* Wir haben hier also ein schriftliches Beispiel, in dem alle Wörter oberflächlich deutsch sind; zugleich erkennen wir auf einer abstrakten Planungsebene Einflüsse des Englischen. Man könnte nun die nicht kanonischen Formulierungen monieren, aber das tun wir natürlich nicht! Vielmehr erkennen wir auch hier wieder an, dass die grundlegende Architektur des Deutschen beherrscht wird und dass Matilda über ein offensichtlich sehr gutes Textverständnis verfügt. Das wird sich auch noch in weiteren Auszügen aus Aufsätzen zeigen, die wir in unserem abschließenden Kapitel aufgreifen. so dass sie sich durch intensiven Kontakt mit weiteren Texten auch im Deutschen die idiomatischen Wendungen aneignen kann, die sie im Englischen bereits beherrscht.

5.5 BICS vs. CALP

Die Begriffe **BICS** (Basic Interpersonal Communication Skills) und **CALP** (Cognitive/Academic Language Proficiency) gehen auf Cummins (2008) zurück und werden mittlerweile auch in vielen deutschen Texten als Akronyme verwendet. BICS entspricht informeller Alltags- und Umgangssprache, CALP einer dekontextualisierten Varietät, die wir in formellen schriftlichen Registern erwarten, aber auch in Vorträgen und Diskussionen, in denen fachsprachliche Terminologie und die Darlegung komplexer Argumentationszusammenhänge benötigt werden. Allerdings wäre es ein Irrtum zu meinen, Alltags- und Umgangsprache sei „einfach". Informelle Gespräche und Kommunikation im beruflichen Alltag setzen oft blitzschnelles Erschließen von Implikaturen und Zugang zu geteiltem Wissen voraus, und es wäre daher verfehlt, kurze oder elliptische Äußerungen mit mangelnder struktureller Komplexität oder geringer Verarbeitungsleistung in Verbindung zu bringen. Man analysiere beispielsweise „Geht nicht gibt's nicht." im topologischen Feldermodell! Klar ist aber auch, dass sich mehrfache Satzeinbettungen oder anaphorische Zusammenhänge in inhaltlich komplexen Texten leichter rekonstruieren lassen, wenn man einen Satz in geschriebener Form vor sich hat und ggf. vor- oder zurückspringen kann.

In weiterführenden Schulen wird der angemessene rezeptive und produktive Umgang mit standard- und bildungssprachlichen Varietäten vorausgesetzt. Das heißt, normalerweise gehen Lehrerinnen ab der vierten oder spätestens der fünften Klasse davon aus, dass Kinder sinnentnehmend lesen können. Sie trainieren daher das Lesen nicht mehr explizit, sondern setzen es als eine Aktivität zum weiteren Wissenserwerb voraus. Für ungeübte Leserinnen öffnet sich die Bildungsschere dadurch noch weiter, und so kommt es dazu, dass laut PISA-Studie 2018 21 % der 15jährigen in Deutschland zu den Leseschwachen gehören (Reiss et al. 2018, S. 5). Eine Studie der TU Dortmund vergleicht die Lesekompetenz von Viertklässlerinnen und kommt zu dem Schluss, dass deren Lesekompetenz von 2016 bis 2021 im Schnitt um 20 Bewertungspunkte abgenommen hat, was etwa der Entwicklung innerhalb eines halben Schuljahres entspricht (Ludewig et al. 2022). Dies ist – ebenso wie der hohe Prozentsatz von Analphabetinnen – im Grunde auch deshalb überraschend, weil sich, wie wir oben angesprochen haben, bereits sehr junge Kinder für Schrift und Lesen interessieren.

Während der Schulzeit wächst der Wortschatz substanziell (Bloom 2002), insbesondere hinsichtlich des Erwerbs von Fachvokabular, Idiomatik und Metaphorik. Über das lexikalische Repertoire hinaus verlangt das Verstehen von Texten Expertise im Verarbeiten von Strukturen, die durch Wortbildungsprozesse und die Verschachtelung komplexer Nominal- und Präpositionalphrasen wie in (8) zustandekommen. Hier handelt es sich um ein Zitat aus einem Geschichtsbuch der Klasse 10. Bei aller offensichtlichen Komplexität folgt auch diese Satzstruktur letztlich dem Schema einfacher deutscher V2-Sätze: Durch X beeinflusste sie Y.

(8) Durch ihren Einfluss auf die Befreiung der Menschheit, auf die Verwirklichung der Menschenrechte und die Durchsetzung des bürgerlich-demokratischen Verfassungsstaates beeinflusste sie tiefgreifend das politische Denken und Handeln bis ins 20. Jh hinein. (Geschichte Kl. 10, Bahr 2005, S. 8).

Es liegt nahe, bei sprachlichen Hürden an komplexe Fachtexte zu denken. Dabei fallen uns sofort Fachtermini, komplexe Komposita, Passivkonstruktionen und Satzeinbettungen. Doch denken wir für einen Moment daran, zu welchen Schlussfolgerungen man als L2-Lernerin (Erstsprache vielleicht

Russisch, Chinesisch oder Türkisch) aufgrund recht einfacher deutscher Texte gelangen könnte, vgl. dazu (9).

(9) Der bei uns lebende Rotfuchs besitzt in der Regel ein orange- bis rotbraunes Fell. Hals, Brust, Bauch und die Schwanzspitze sind weiß gefärbt. Die Rückseite der Ohren und die Beine sind schwarz. Die Körpermaße und Fellfärbung des Fuchses in Europa variieren stark je nach Verbreitungsgebiet und Jahreszeit. (https://www.deutschewildtierstiftung.de/wildtiere/fuchs)

Fragt man Lehrkräfte (Grundschule oder Gymnasium), was L2-Lernerinnen des Deutschen anhand dieses Textes lernen können, erhält man Antworten wie: einiges über Rotfüchse. In der Tat lässt sich dies kaum vermeiden. Aber betrachtet man die Form, in der uns diese Information geliefert wird, könnte man als Lernerin zu weiteren, nicht intendierten Schlüssen gelangen. In diesem Text sehen wir 16 Nomen, von denen sieben ohne Artikel auftreten. Sollte man nicht daraus schließen, dass die Verwendung deutscher Artikel optional ist? Das träfe sogar auf mehrere zu, aber nicht auf alle. So wäre auch *Rückseite der Ohren und Beine …* in Ordnung, *Bei uns lebende Rotfuchs* oder *in Regel* hingegen nicht.

Was wollen wir mit diesem Beispiel zeigen? Wir haben mit Bedacht einen Fall mit einem sehr kleinteiligen Unterschied in der Artikelverwendung gewählt, dem aber bei der Bewertung von Aufsätzen schnell großes Gewicht zukommen kann. Wir sehen außerdem, dass man für fehlende Artikel in Lernerdaten nicht einmal eine andere Sprache als Transferbasis bzw. „Schuldige“ braucht: Bereits aufgrund der normalen, kanonischen Variation deutscher Texte könnten Lernerinnen leicht zu abwegigen Schlussfolgerungen gelangen. Auf der positiven Seite: Schon solche, relativ einfache Texte bieten Gelegenheit, als Lehrende über Fachgrenzen hinweg Sensibilität gegenüber sprachlichen Lernhürden zu entwickeln[56] und idealerweise Texte im Vorfeld „vorzuentlasten“ (Leisen 2017). Im Grunde birgt jede deutschsprachige Schulstunde für Lernende des Deutschen als neuer Sprache die Herausforderungen und Chancen eines CLIL-Unterrichts (*Content and Language-Integrated Learning*, Coyle et al. 2011).

56 Vgl. dazu http://www.sprachsensiblerfachunterricht.de/prinzipien, 03.07.2023.

Verdeutlichen wir uns dies anhand weiterer Beispiele von Matilda, die wir oben bereits zitiert hatten. Nach jahrelangem Aufenthalt im englischsprachigen Ausland geht sie schließlich wieder in Deutschland zur Schule und verfasst sieben Monate später den Satz in (10).

(10) (Matilda (16;3) L1 Deutsch)
In der Parabel geht es um ein Mann der ein Familienerbstück, einen Ring besitzt.

Diskutiert man dieses Beispiel mit Lehramtsstudierenden, so weisen sie umgehend auf die fehlende Akkusativmarkierung (*ein Mann*) und die fehlende Kommasetzung nach *Mann* hin. Auch nach *Ring* wird von einigen ein Komma vermisst. Aber ohne ausdrückliches Nachfragen wird nicht erwähnt, dass hier ein komplexer Satz (Hauptsatz plus Relativsatz) vorliegt, samt zielsprachlicher Wortstellung und Verbflexion (V2 vs. Verbletzt). Spontan erkannt wird auch nicht, dass – von *ein Mann* abgesehen – Kasus und Genus bei den anderen Nominalphrasen makellos sind, übrigens auch bei einem zweiten maskulinen Nomen, *einen Ring*. Übersehen wird ebenso, dass die Schülerin diesen präzisierenden Einschub durch ihre Kommasetzung davor explizit gekennzeichnet hat.

Falls Ihnen dieser Fall zu trivial erscheint: Es geht noch wesentlich subtiler. Die Belege in (11) und (12), ebenfalls von Matilda, bringen uns nämlich an die Grenzen unserer eigenen Intuition.

(11) (Matilda (16;2) L1 Deutsch)
Das lyrische-Ich beschriebt das leben als schnelle „Renne Bahn“ die auf den Tod hinzufährt.

(12) (Mathilda (16;5) L1 Deutsch)
Die Autorin stellt ihre Hypothese auf und argumentiert das die Unerfüllbarkeit und die sogenannte „Bindungsphobie“ einen hindert Interesse und Liebe nachzustreben.

Da Sie nun schon ahnen, worum es uns geht, würden Sie sicher sogleich Ihr Augenmerk auf die Satzstruktur richten. Folglich erkennen Sie die zielsprachliche Syntax, inklusive der angemessenen Form der Artikel. Sie sind wahrscheinlich auch – ebenso wie wir – von der inhaltlichen Angemessenheit und Komplexität der geäußerten Ideen beeindruckt, ebenso vom bildungssprachlichen Wortschatz: *Hypothese aufstellen, argumentieren, Unerfüllbarkeit, sogenannte Bindungsphobie, nachstreben.* In (11) fällt Ihnen das abweichende

Kompositum *Renne Bahn* auf. Ebenso bemerken Sie orthographische Abweichungen, u. a. <ie> für <ei> in <beschriebt>, wahrscheinlich dem Einfluss des Englischen geschuldet; gleiches gilt für die Interpunktion.

So weit, so gut! Aber nun wird es noch etwas anspruchsvoller, und damit kommen unsere eigenen Intuitionen ernsthaft auf den Prüfstand. Wahrscheinlich würden die meisten von Ihnen in (11) „auf den Tod zufährt" präferieren (anstatt ... *hinzufährt*). Aber *fährt* denn eine *Rennbahn* tatsächlich auf etwas *zu*? *Führt* sie nicht vielmehr *zu etwas hin*, bzw. *fährt* oder *rast* man nicht *auf einer Rennbahn* auf den Tod *zu*?

Die intendierte Analogie ist klar: Das Leben rast (wie) auf einer Rennbahn auf den Tod zu bzw. dem Tod entgegen. Wie drücken wir dieses Bild am besten aus? Hier geht es um sehr subtile Unterschiede in der Wahl sprachlicher Optionen, die beim raschen Lesen nicht einmal auffallen. Und wenn wir schon dabei sind: Kann man *Liebe nachstreben*? *Streben* wir nicht *nach Liebe*? Matildas Schreibung zeigt uns auch, dass sie in diesem Fall *nach* als Teil eines Partikelverbs gespeichert hat, nicht als eine Präposition. Hand auf's Herz: *Streben* Sie *Interessen nach*? Würden Sie nicht eher *Interessen nachgehen* und *nach Liebe streben*? Schließlich fragt man sich auch noch angesichts von *Unerfüllbarkeit*: Was genau ist denn eigentlich *unerfüllbar*? Das könnte man vielleicht dem weiteren Text entnehmen.

Legen wir jetzt nicht doch wieder zuviel Detail auf die Goldwaage? Zweifellos! Uns geht es ja an dieser Stelle vor allem darum zu zeigen, dass die meisten von uns ungeachtet unserer eigenen Kompetenz im Deutschen mit hoher Wahrscheinlichkeit keine schnellen Antworten auf diese kniffligen Fragen hätten. Manche der nicht kanonischen Formulierungen weisen auf fehlende Erfahrung mit dem schwierigen Bereich von Kollokationen und idiomatischen Wendungen hin. Deshalb würden wir als Lehrkräfte vor allem alternative Formulierungsvorschläge am Textrand notieren und Matilda ansonsten den Rat geben, sorgfältiger Korrektur zu lesen, um ihren Texten den letzten orthographischen Schliff zu verleihen. Vor allem aber würde es sicher niemand von uns versäumen, sich lobend zum wohldurchdachten Inhalt dieser Texte zu äußern. Oder?

5.6 Relevanz früher Texterfahrung

Erfahrung mit standardsprachlichen Formen, die für den Schriftspracherwerb essenziell sind, wird bereits durch frühes Vorlesen ermöglicht. In diesem Sinne schreibt Wolf (2010, S. 23): „Lesen lernen beginnt, wenn man zum ersten Mal ein Baby auf den Schoß nimmt und ihm eine Geschichte vorliest."

Ob Kindern vorgelesen wird oder nicht, wirkt sich erheblich auf ihren Zugang zur Standardsprache und ihre Bildungschancen aus (Becker et al. 2013, S. 625). Studien zeigen, dass der Input für Kinder aus Familien, in denen wenig gesprochen und nicht vorgelesen wird, in den ersten drei Lebensjahren ca. 32 Millionen Wörter geringer ausfällt als für Kinder aus Haushalten, in denen viel kommuniziert und (vor-)gelesen wird (Kirby et al. 1997).

Literatur für Kleinkinder enthält auch viele sprachliche Elemente, die in der gesprochenen Sprache nicht oder selten vorkommen (vgl. die Arbeiten in Gawlitzek & Kümmerling-Meibauer 2013, Gawlitzek 2018). Literarische Texte schaffen zudem Gelegenheiten für eine Begegnung mit völlig neuen Konzepten, somit für die Erweiterung des Weltwissens und des Wortschatzes, u. a. um Bezeichnungen für Dinge, die es in der Lebenswelt der Kinder nicht oder nicht mehr gibt.[57]

Im Vorlesemodus, sofern es sich um eine in der Standardorthographie verfasste Geschichte handelt, bedienen wir uns einer eher standardssprachlichen Aussprache, vermeiden also beispielsweise die in 1.2 erwähnten Klitisierungen der Umgangssprache ([çabn], *ich habe ihn*). Hervorhebung durch Betonung, Variation von Tonhöhe und Sprechrhythmus lenken die Aufmerksamkeit von Zuhörerinnen auf Inhalte, aber zugleich auf das formale Spektrum von Optionen der Äußerungsrealisierung schlechthin. Letzteres gilt natürlich auch für mündliches Erzählen.

Wir wissen auch, dass Kinder nicht nur früh interessiert auf Lese- und Bildbetrachtungsroutinen reagieren, sondern dass sie selbst entsprechende Varianten produzieren, vgl. (13). Julia betrachtet hier mit ihrer Gesprächspartnerin ein Bilderbuch. Auf dem Buchumschlag ist das Bild eines Mädchens abgebildet und auf jeder weiteren Buchseite ein einzelner Gegenstand. Julia blättert Seite um Seite um und kommentiertiert jedes Bild. Sie artikuliert alle Wörter sehr klar, und alle Äußerungen weisen das gleiche prosodische Mus-

57 Wenn man heute mit Kindern Paul Maars *Eine Woche voller Samstage* liest, werden wohl viele nachfragen, was eine *Telefonzelle* ist, weil es kaum mehr welche gibt.

ter auf. Jeder Satz startet mit dem Hauptakzent auf der ersten Silbe und die Intonation sinkt bis zum Satzende.[58]

(13) Julia (2;4)

a.	Puppe	IHre puppe schläft\
b.	Lätzchen	IHre lätzchen ist ihre lätzchen\
c.	Milchglas	IHre milch schmeck aber gut\
d.	Wecker	IHre uhr essen kann ich ma nicht\
e.	Apfel	APFEL schmeck gut\

In Zeile (13d) wird sogar eine ganze VP (*ihre Uhr essen*) ins Vorfeld bewegt. Evidenz für die Topikalisierung unterschiedlicher Konstituenten findet man zu diesem Zeitpunkt in weiteren Äußerungen (*mit der leiter kann man nich hochklettern*). Sowohl (13b) als auch (13d) zeigen übrigens, dass es nicht darum geht, semantisch relevante Information zu kommunizieren. Vielmehr handelt es sich um die Inszenierung eines vertrauten Genres. Dabei ist das Bild jeweils Auslöser und liefert das Thema. Die Grammatik übernimmt – informell formuliert – den Rest und konstruiert syntaktisch wohlgeformte Sätze, auch wenn sie semantisch keinen Sinn machen oder tautologisch sind wie (13b).

5.7 Fazit

In diesem Kapitel haben wir dargelegt, wie komplex die Kulturtechniken des Lesens und Schreibens sind, warum sie einerseits auf der mündlichen Sprachkompetenz fußen, gleichzeitig aber die Begegnung mit neuen Registern ermöglichen, die für alle Kinder, einsprachige wie mehrsprachige, eine Herausforderung darstellen.

Die Art und Weise, wie sich Kinder schon im präliteralen Stadium gegenüber schriftlichen Zeichen verhalten, zeigt jedenfalls, dass sie ein fundamentales Interesse an dem Medium Schrift haben und dass der Umgang mit Geschriebenem in einer lesefreundlichen Umgebung früh Teil ihrer normalen Alltagserfahrung werden kann – und für alle Beteiligten vergnüglich ist.

58 Für eine Diskussion dieser und weiterer Leseaktivitäten im Kontext der verfügbaren Grammatik Julias vgl. Tracy (1991, S. 228f).

Aufgaben

1. Der folgende Text stammt von einer Erstklässlerin, wobei das Beispiel am Ende der Seite abbricht. Was weiß sie schon über die deutsche Schreibung? Welche Schreibstrategien setzt sie ein?

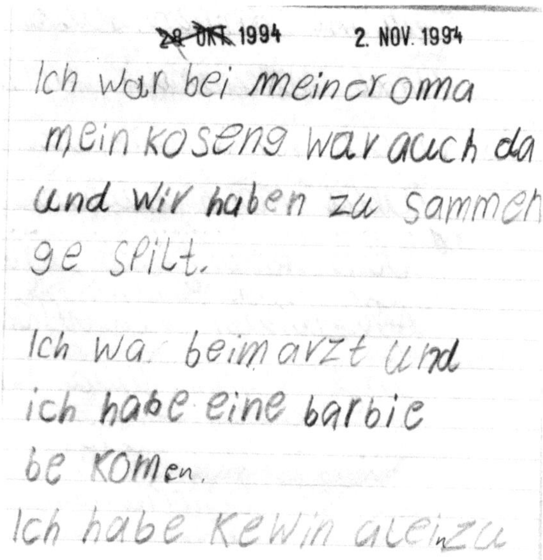

28 OKT. 1994 2. NOV. 1994

Ich war bei meiner oma
mein koseng war auch da
und wir haben zu sammen
ge spilt.

Ich wa beim arzt und
ich habe eine barbie
be komen.
Ich habe Kewin aleinzu

Orthographische Version:
Ich war bei meiner Oma. Mein Cousin war auch da und wir haben zusammen gespielt.
Ich war beim Arzt und ich habe eine Barbie bekommen.
Ich habe Kevin allei[59] zu …

2. Stellen sich folgende Situation vor: Die Fünftklässlerin S. hat in Deutsch eine 5 geschrieben. Thema waren Nebensätze und Kommasetzung.

59 Das winzige <n> in der Reproduktion wurde von der Lehrerin eingefügt.

Erw.: Woran erkennst Du denn einen Nebensatz?
S: Am Komma.
Erw: Aber wenn es keine Kommas gibt, was machst Du dann?
S: -- schweigt --

Wo liegt das Problem? Wie könnte man es beheben?

Anregungen für Diskussionen, Projekte und zum Weiterlesen

1. In Krifka et al. (2014) finden Sie informative Abschnitte zu unterschiedlichen Schriftsystemen. Bilden Sie kleine Teams und lassen Sie Ihre Schülerinnen einige Kontraste mit der deutschen Orthographie identifizieren.
2. Relevante Details für den Erwerb der Lese- und Schreibkompetenz im Deutschen finden sich im Bredel et al. 2017, Steinig & Ramers 2020. Zur Bedeutung von Literacy als Instrument der Ermächtigung (**Empowerment**) vgl. Golden & Lanza (2019).

6 Mehrsprachige Ressourcen im Diskurs

Adam (5;5):	(zeigt auf einen Kuchen) So einen Kuchen mag ich, Papa.
Vater:	Yes, you can have half of it, if you want to.
Adam:	Why?
Vater:	Well, because you are a small person, and it's a very big cake.
Adam:	Papi, mein Bauch ist größer als diese Kuchen.

6.1 *What is* dieses Kapitel *all about*?

Reibungslose Unterhaltungen wie zwischen Adam und seinem Vater sind mehrsprachigen Familien vertraut. Der Vater ist L1-Sprecher des Englischen. Er hat Deutsch als L2 erworben, beherrscht es sehr gut und spricht es mit englischem Akzent. Sohn Adam und zwei jüngere Schwestern wachsen mit doppelten Erstsprachen auf. Deutsch ist mehrere Jahre lang Adams stärkere und sich schneller entwickelnde Sprache (vgl. Tracy & Gawlitzek-Maiwald 2005). Dies ist keine Überraschung, zumal von der Mutter und außerhalb der Familie schwäbisches und standardnahes Deutsch gesprochen wird.

Dennoch wechselt Adam bereitwillig ins Englische, vor allem dann, wenn er annimmt, dass englischsprachige Gesprächspartner ihn ansonsten nicht verstehen. Bilinguale Kinder sind, wie wir in Kapitel 4 angesprochen haben, früh in der Lage, ihre Sprachen in Abhängigkeit vom Kontext zu wählen und die jeweils nicht benötigte zu unterdrücken. Da Adam weiß, dass sein Vater Deutsch sehr gut beherrscht, gibt es für ihn in dem Gespräch oben keinen Grund, ins Englische zu wechseln.

In diesem Kapitel geht es sowohl um unterschiedliche Gründe für das Mischen von Sprachen als auch um seine diversen Ausprägungen.

In der Forschungsliteratur ist von **Code-Switching/Sprachwechsel** oder Code-Mixing/Sprachmischung die Rede, manchmal in dem Bemühen um eine weitere Differenzierung. Diese Feinheiten sparen wir hier aus und verwenden *Mixing/Mischung* als Oberbegriff, der auch verschiedene Formen von Entlehnung sowie einen Wechsel einschließt.

Dabei ist das Füllen von momentanen oder prinzipiellen Ausdruckslücken in einer Sprache durch die Entlehnung von Wörtern einer anderen, sogenanntes **Borrowing**, nur *ein* Motiv unter vielen. Auf die Kombination von Strukturen aus unterschiedlichen Sprachen zwecks Füllen von Lücken waren wir bereits in Kapitel 4 eingegangen.

Unser zentrales Anliegen hier ist es vor allem, gemischtes Sprechen und Schreiben vom Ruf mangelnder Kompetenz oder Sprachverwirrung zu befreien. Es handelt sich nämlich keineswegs um eine chaotische Verknüpfung sprachlicher Ressourcen, auch wenn dies von linguistisch ungeschulten Betrachtern, einschließlich bilingualen Sprechern selbst, oft so gesehen wird und daher mit negativen Ausdrücken wie *Mischmasch*, *Denglish*, *Spanglish* usw. für diverse Sprachkombinationen bezeichnet wird. Wie beim Spracherwerb generell spielt auch beim Entstehen gemischtsprachlicher Äußerungen die grammatische Architektur der beteiligten Sprachen eine zentrale Rolle (vgl. Tracy 2022). Folgend beginnen wir mit verschiedenen Arten von *Borrowing* und behandeln anschließend komplexere Kontaktphänomene.

6.2 Entlehnung (*Borrowing*)

Das Beispiel in (1) aus Keim (2012, S. 20) zeigt einen kurzen Satz, in dem Türkisch und Deutsch in Kombination auftreten.

(1) Kind: *Weihnachtsmann* gelmişti (Der W. ist gekommen)

Produziert wurde der Satz von einem Kind mit L1 Türkisch, das Deutsch als frühe Zweitsprache erwirbt. Es entlehnt in einem auf Türkisch geführten Gespräch *Weihnachtsmann* aus dem naheliegendsten aller Gründe: Wie in vielen anderen Kulturen und Sprachen fehlt im Türkischen ein Äquivalent für *Nikolaus* oder *Weihnachtsmann.*

Im Folgenden beschäftigen wir uns exemplarisch mit Fällen dieser Art bei Erwachsenen. In (2), entnommen einer handschriftlich verfassten Geburtstagskarte, füllt eine achtzigjährige Deutschamerikanerin, Toni – die wir noch öfter zitieren werden –, einige echte Wortlücken in ihrem deutschen L1-Lexikon mit Hilfe des Englischen.

(2) Man hat gefunden, dass ich ein *Cyst* hinter dem rechten Knie habe und ein *leaking Valve* am Herz.

Es handelt sich um medizinische Fachtermini (*Cyst* für *Zyste*, *leaking valve* für *insuffiziente Herzklappe*), denen Toni erst nach ihrer Emigration im amerikanischen Kontext begegnet ist. Ihr intensiver Kontakt mit Englisch begann mit dem Zeitpunkt ihrer Auswanderung, etwa 60 Jahre vor dem Verfassen von (2). Entlehnungen, die eine lexikalische Lücke der eigenen L1 füllen, bezeichnet man als ***cultural borrowin*g** (Myers-Scotton 2006).

Anders verhält es sich in (3), wenngleich es sich ebenfalls um eine Entlehnung handelt. Sprecher ist ein vierzigjähriger Amerikaner, der mit Mitte Zwanzig nach Deutschland kam und erst dann begann, Deutsch zu lernen.

(3) *I got these* Bilders. (Sprecher wedelt mit Fotos; Hörbeleg)

Der Sprecher verwendet hier in einem ansonsten englischen Satz ein deutsches Wort, über dessen Äquivalente *pictures/photos* er in seiner L1, Englisch, nachweislich verfügt. Weder muss er eine lexikalische oder konzeptuelle Lücke füllen, noch geht es um Fotos, die in besonderer Weise mit einem deutschen Kontext assoziiert wären. In diesem Fall handelt es sich um ein ***core borrowing***, bei dem ein im englischen Kernvokabular des Sprechers vorhandenes Lexem durch eine deutsche Dublette ersetzt wird. Der Grund für eine derartige Entlehnung „ohne Bedarf" bleibt oft im Dunkeln. Der Sprecher addressiert hier seine ebenfalls deutsch- und englischsprachige Partnerin, mit der er normalerweise in beiden Sprachen kommuniziert, wenngleich sie kein intensives Mixing betreiben. Offensichtlich waren seine beiden Sprachen hoch aktiviert und einsatzbereit. Interessant ist im Übrigen, dass *Bilders* eine doppelte Pluralflexion aufweist, nämlich deutsch *-er* sowie ein englisches Flexiv *-s*.[60]

Generell gilt für entlehnte Ausdrücke: Sie können in Originalform zitiert oder auf unterschiedlichen Ebenen (phonologisch, syntaktisch, morphologisch) an die Sprache des aufnehmenden Satzes angepasst werden. Daher unterscheidet man **nicht integriertes** und **integriertes Borrowing**. Letzteres ist bei *bilders* der Fall: die morphologische Integration ist am englischen Plural erkennbar, und eine phonetische Anpassung erfolgte durch die englische Aussprache von [l] und [z].

60 Diese Doppelung ist auch für andere Sprachkombinationen gut beschrieben worden (vgl. Backus 2009, Keim 2012, S. 97, zu Deutsch und Türkisch). Auch deutsche L1-Sprecher nutzen solche Markierungen für Wörter, deren Pluralmarkierungen nicht als solche erkannt werden, vgl. *die Intermezzis, die Kommatas.*

Können sich Wörter einer Sprache im Wortschatz einer anderen Sprachgemeinschaft auf Dauer etablieren, bezeichnet man sie als **Lehnwörter**. Viele von ihnen, für Deutsch z. B. *Computer, Jazz, Pizza, Pommes/Fritten*, werden von Folgegenerationen nicht mehr als ursprünglich entlehnte, nicht native Formen wahrgenommen. Gelegentlich wird ein Wort nicht in seiner ursprünglichen Form, sondern in einer Übersetzung übernommen. So wurde aus dem englischen *skycraper* im Französischen *gratte-ciel* (wörtlich übersetzt, aber mit einer dem Französischen angepassten Wortstellung) und im Deutschen *Wolkenkratzer* (mit identischer Wortstellung und getreuer Übersetzung von *scrape*, aber semantischer Änderung von *sky* (‚Himmel') zu *Wolken* (‚Teil des Himmels')). Belegt sind auch Komposita, die aus Wörtern unterschiedlicher Sprachen gebildet werden, z. B. bei deutschen Ausgewanderten in Australien *grüngrocer* (statt *greengrocer*, ‚Gemüsehändler', Clyne 2003), wobei in diesem spezifischen Fall auch die phonetische Nähe von *grün* und *green* eine Rolle spielt.

Die Erweiterung des Wortschatzes und die Ersetzung vorhandener Wörter liefern uns – analog zu Bohrungen durch Gesteinsschichten – ein lebhaftes Bild der Geschichte einer Sprache, der politischen Machtverhältnisse und der soziokulturellen und sprachlichen Kontakte, denen sie ausgesetzt war. Aber wenden wir uns nun der theoretisch spannenderen Frage zu, warum Erwachsene, die zwei Sprachen sehr gut beherrschen, sie auch ohne Not mischen, d. h. auch dann, wenn es *nicht* darum geht, lexikalische Lücken zu füllen.

6.3 Was leistet Mixing im Diskurs?

Durch unsere Sprachwahl und Ausdrucksweise verraten wir viel über uns: über unsere Zugehörigkeit zu sozialen Netzen, zu einem bestimmten Kulturkreis, einem Dialektgebiet, über Alter, Bildungshintergrund, Status, Einstellungen, unsere Wert- und Geringschätzung anderer. Wir können uns auch mehreren Sprechergemeinschaften verbunden fühlen und unsere entsprechende Identität selbstbewusst durch mehr oder weniger intensives Mixing zum Ausdruck bringen.

Auf die Frage, warum Menschen, die sich in mehreren Sprachen bestens ausdrücken können, spontan die Sprache wechseln oder mischen, gibt es mehrere Antworten, die einander allerdings nicht ausschließen (vgl. Myers-Scotton 2006). Wir passen uns beispielsweise aus Höflichkeit der Sprachwahl unseres Gegenübers an, z. B. im Gespräch mit statushöheren Gesprächspartnern oder um anderen das Verstehen zu erleichtern. Ein Sprach- oder Registerwechsel ist auch angesagt, wenn wir es mit einer **diglossischen Situation** zu tun haben: Vor Gericht, bei einem Vortrag und bei anderen offiziellen Anlässen wählen wir formelle Register, beim Sport, auf dem Markt, Gesprächen mit Freunden und in der Familie oder beim Twittern informelle. Im Folgenden geht es um das Mischen als Ressource im Verlauf normaler Unterhaltungen zwischen mehrsprachigen Personen, welche alle ihre Sprachen sehr gut beherrschen.

Gemischtsprachiges Kommunizieren ist Teil eines typischen Interaktionsstils vieler mehrsprachiger Gemeinschaften, d. h. es ist die **unmarkierte**, neutrale Art der Kommunikation einer Gruppe, der man sich zugehörig fühlt (vgl. Auer 1998, Eichinger & Plewnia 2008, Keim 2007, Muysken 2013, Myers-Scotton 2006). Über soziale Verortung und Solidaritätsmarkierung hinaus wird spontanes Mischen zur Strukturierung von Diskursen genutzt. Der Wechsel in eine andere Sprache ermöglicht es uns, Bestandteile unserer Äußerungen voneinander abzuheben, z. B. thematische Inhalte einerseits und unsere Einstellung zum Gesagten andererseits. Oft korreliert der Wechsel mit einer Ergänzung von Hintergrundwissen in Form einer Parenthese, mit Präzisierungen und der Markierung von Selbstkorrekturen. Einige dieser Einsatzmöglichkeiten werden folgend illustriert. Die meisten stammen von zwei Schwestern, Toni und Katie, die in München mit Bairisch als ihrer L1 aufgewachsen sind (vgl. Lattey & Tracy 2005, Tracy 2022). Beide sind als Vierzehnjährige (Katie) und Achtzehnjährige (Toni) mit ihren Eltern in die USA ausgewandert und zum Zeitpunkt der Aufnahmen 76 und 80 Jahre alt.

In (4) liefert Toni mit dem Wechsel vom bairischen Deutsch ins Englische zusätzliche Information zu der von ihr erwähnten Elsa Maxwell, weil sie annimmt, dass ihre Zuhörerinnen nicht wissen, um wen es sich handelt. In (5) erläutert Katie, warum sie ihre gekühlten Getränke nicht zusätzlich mit Eisstücken versieht.

Vordergrund-Hintergrundinformation

(Hauptstrang einer Erzählung/Äußerung vs. ergänzende Information/Begründungen)

(4) Toni: [...] and ähm es war so schön da, und nebn dene hot die Elsa Maxwell g'wohnt, *she was a gossip woman, you know, ...*

(5) Katie: *I don't need ice cubes, I don't make any, hardly, because I got used to just drinking the water from the fridgidaire,* des is' mir kalt genug.

Kontrastsetzungen und Vergleiche

In (6) spricht Toni über ihr Leben nach ihrer Ankunft in den USA: Die Familie hatte es einerseits schwer, aber andererseits hatte man mit der Emigration eine gute Entscheidung getroffen. Der Sprachwechsel korrespondiert mit diesem *einerseits-andererseits*, aber man beachte auch, dass der Konnektor *but* noch das Englisch des ersten Satzes weiterführt, obwohl er syntaktisch bereits Teil des folgenden deutschen Satzes ist. In (7) geht Tonis Vergleich ihres Lebens mit einem Film mit einem Sprachwechsel einher.

(6) Toni: *It wasn't easy but* irgendwie äh da hat sich's rentiert, net?

(7) Toni: ... es is' grad wie wenn's an uns vorbeigegangen wär, *so, you know, like a movie nearly.*

Korrekturen

In (8) wechselt Toni für eine Korrektur ins Deutsche, und in (9) repariert sie einen deutschen Versprecher und liefert mit (*I mean*) einen englischen Hinweis auf die Notwendigkeit der Korrektur. Man beachte übrigens, dass nicht immer geklärt werden kann, ob unbestimmte Artikel auf Englisch, Bairisch oder als neutralisierte Formen produziert wurden, hier symboliert als [*a*?].

(8) Toni: *I think we stayed two nights, and when we went to Amy, we stayed one night, no,* auch zwei.

(9) Toni: Und ich hab'n Kaffeetisch, *I mean,* [*a*?] an Teewagen.

Zitate

Ein besonders gut erkennbares Muster tritt zutage, wenn über Unterhaltungen berichtet und zitiert wird. (10) gibt eine solche Episode wieder. Toni erzählt hier, dass sie ihre erste Anstellung in New York gekündigt hatte und sich vor der Frau ihres Arbeitgebers deswegen rechtfertigen musste. Die Verben des Sagens erscheinen hier in deutschen Sätzen, während die Zitate auf Englisch reproduziert werden.

(10) Toni: Dann hat sei Frau zu mir gesagt, *why are you leaving us now?*
Da sog i, *because I would like to laugh once in a while*, und dann hat's gsagt, *well I'm here too ...*

Diese Auswahl diente einer Illustration von **kommunikativen Funktionen**, mit denen der Sprachwechsel eine natürliche Allianz eingeht, sofern Sprecher keinen Grund sehen, Mischungen zu unterbinden. Mit dem nächsten Schritt lenken wir den Blick auf die **Formen,** in denen uns gemischte Äußerungen begegnen.

6.4 Formen des Mixing

Eine besonders prominente Mischform besteht in der Integration von Interjektionen (*Oh my God!*, *Verflixt!*) und Diskursmarkern (*you know*, *well*, *I mean* etc.), vgl. (11). In (12) folgt einem englischen Satz die Partikel *ba* aus dem philipinischen Tagalog, in der Bedeutung von *nicht wahr* oder *ne*.

(11) Katie: [...] und dann, *well,* hätt ich noch mehr bezahlen solln
(12) The proceedings went smoothly, *ba*? (Bautista 1980, S. 247)

Diese problemlose Übernahme hat gute Gründe: Interjektionen und Diskursmarker stören weder die Syntax noch die Semantik eines Satzes, wie Poplack schon 1980 betonte. Die beteiligten Lexeme oder Phrasen geben Zuhörenden zusätzliche, pragmatische Interpretationshinweise. So appelliert *you know* an geteiltes oder erschließbares Wissen; *well* weist oft auf Themenwechsel oder eine andere Meinung hin. *I mean* kündigt Reparaturen oder Präzisierungen an. Manche dieser Elemente (*well, so*) sind aufgrund ihrer Vagheit besonders vielseitig einsetzbar und dienen daher auch dem Erhalt des flüssigen Sprechens und dem Überbrücken von Planungspausen.

Eine weitere Form des Mixing beeinträchtigt die interne Satzstruktur ebenfalls nicht, weil Sprachen problemlos an jeder Satzgrenze/Teilsatzgrenze alternieren können, wie im Fall von (13) und (14) – daher die Bezeichnung **inter-sententialer Wechsel** (Poplack 1980). Bemerkenswert ist allerdings, dass der Wechsel nicht immer exakt mit einer syntaktischen Satzgrenze zusammenfällt, wie wir schon in (6) gesehen haben. Auch in einem der Beispiele, die wir zu Beginn von Kapitel 1 aufgeführt haben, hier wiederholt als (13), ist dies der Fall. Dabei erstreckt sich in lexikalischer Hinsicht die Sprache der ersten beiden Sätze mit *because* noch bis in den Folgesatz hinein.[61] Die Rede ist im Beispielsatz von einem Haarschnitt.

(13) Katie: *you're gonna be sorry if you make them shorter because* die fallen so schön hier

Weitaus komplexer, und daher aus linguistischer Sicht wesentlich spannender, wird es, wenn *mitten* im Satz – **intra-sentential** – gewechselt wird, wie in den folgenden Fällen. Dabei kann man weitere Typen unterscheiden: Strukturen, in denen die Syntax beider Sprachen parallel verläuft, und solche, in denen die Wortfolgen beider Sprachen divergieren. Von der Forschung wurde schon vor langem erkannt, dass strukturelle Parallelität den Wechsel begünstigt (Muysken 2000). In (14), mit einem englisch-spanischen Wechsel, liegt ein solcher Fall vor.

(14) *And from there I went to live* pa muchos sitios. (‚... in many places') (aus Poplack 1980, S. 597)

Aber satzinterner Wechsel findet auch dann statt, wenn sich die Satzmuster der beteiligten Sprachen unterscheiden, d. h. wenn sie nicht kongruent sind, vgl. (15). Hier liegt keine parallele Struktur vor, weil im Standarddeutschen nach dem Adverb *scheinbar* ein finites Verb (V2) erwartet wird.

(15) Toni: Und scheinbar die Mutter *wasn't a very good housekeeper*

(16) Fortsetzung von (5) oben
Katie: *'Cause* ich denk, des's gar nicht so gut, wenn man so kaltes Wasser immer trinkt. Wenigstens *I found that out for myself.*

61 *Because* und ebenso *but, and, or,* gehören allerdings zu denjenigen Elementen, die sich wie Diskursmarker auch als einzelne englische Einheiten in deutschen Sätzen finden. Dies gilt sowohl für mündlichen als auch schriftlichen Sprachgebrauch.

Das Zustandekommen solcher Äußerungen, die in der Regel flüssig und ohne Selbstunterbrechung artikuliert werden, lässt sich erklären, wenn man annimmt, dass in jedem Satz *eine* Sprache als „Matrix" operiert. Das bedeutet, dass die Wortstellung und die wichtigsten funktionalen Flexive von der Grammatik *einer* Sprache bestimmt werden, während aus der *anderen* Sprache Wörter und Phrasen integriert werden (Myers-Scotton & Jake 2009, Muysken 2000). Der Beitrag der beteiligten Sprachen innerhalb eines Satzes ist daher asymmetrisch.

Das folgende Beispiel aus einer Studie von Keim (2012, S. 150) zeigt die Äußerung eines Vorschulkinds, in der eine deutsche Verbalphrase (*Tee trinken*) in einen türkischen Matrixsatz integriert wurde.

(17) *ben* tee trinken *etcem*
ich werde

Keim (2012, S. 150) fügt hinzu. „Mit dem Wort *Tee* referiert das Kind auf den Kräutertee, den es im Kindergarten gibt, während es den Tee, den die Familie zuhause trinkt, als *çai* (*Tee*) bezeichnet." In diesem Fall sehen wir also ein klares inhaltliches Entlehnungsmotiv für eine deutsche VP, die formal problemlos in den türkischen Satz integriert wurde; problemlos auch deswegen, weil die OV-Abfolge, wie wir bereits betont haben, sowohl im Deutschen als auch im Türkischen kanonisch ist.

Bezüglich der Formen des Mischens spielt noch ein weiterer Aspekt eine nicht zu unterschätzende Rolle: Neben der strukturellen Parallelität, die einen Wechsel im Satz begünstigt, erleichtern auch Kognate, d. h. identische oder sehr ähnliche Wörter als Brückenelemente den Übergang von einer Sprache zur anderen. Dies hat zur Folge, dass man manchmal nicht entscheiden kann, wo genau ein Wechsel stattfindet, vgl. (18). Im Fall solcher Äußerungen von Toni und Katie wird dieses Zuordnungsproblem noch dadurch erschwert, dass das Bairische als weitere Option hinzukommt und somit „Grauzonen" – eine von uns bereits erwähnte Metapher von Clyne (1987) – entstehen, was hier durch die eckigen Klammern symbolisiert wird. Eine ähnliche Grauzone hatten wir übrigens auch in unsere Kapitelüberschrift eingebaut: *What <u>is</u> dieses Kapitel all about?*

(18) Toni: ... und des [is] [a] *joke today*

Abschließend sei darauf hingewiesen, dass sich über den spontanen Wechsel in der Performanz hinaus durch jahrelangen intensiven Sprachkontakt das zugrundeliegende System, die individuelle Grammatik, ändern kann – ein Punkt, auf den wir schon in Kapitel 2 hingewiesen haben. Im Fall der hier zitierten Seniorinnen sieht man dies an Strukturen wie *ich freue*, *ich fühle (nicht) gut* etc. Das heißt, dass es hier zu Konvergenzen und damit zu Sprachwandel kommt, wie wir ihn auch in deutschen Sprachinseln andernorts in der Welt finden (Boas 2009, Stolberg 2015).

6.5 Fazit

Das (Code-)Mixing, dem dieses Kapitel gewidmet war, ist eine natürliche Folge der Koexistenz und Koaktivierung von Sprachen im Kopf. Dabei ist die Konkurrenz vorhandener Ressourcen bereits bei der Produktion innerhalb *einer* Sprache normal. Auf daraus resultierende typische Versprecher waren wir schon in früheren Kapiteln (→ 1.2. und 2.4) eingegangen.

Ob sprachliches Mischen in der Kommunikation zum Einsatz kommt, hängt vom Kontext ab. Beeindruckend ist jedenfalls die Fähigkeit der Sprecher, konkurrierende Formen in einem monolingualen Kontext (weitgehend) zu unterbinden. Wir hatten auch in Kapitel 2 darauf hingewiesen, dass Monitoringprozesse das Gehirn mehrsprachiger Menschen länger fit zu halten scheinen und dazu beitragen, sowohl das natürliche kognitive Altern als auch pathologische Prozesse hinauszuzögern. Jetzt können Sie vielleicht noch besser verstehen, warum.

Wir hatten in Kapitel 4 erwähnt, dass bilinguale Kinder früh ihre Sprachwahl kontextangemessen kontrollieren und zugleich temporäre Lücken in einer Sprache durch die andere füllen können. Sie sind außerdem früh in der Lage, ihr mehrsprachiges Repertoire spielerisch zu nutzen. Das abschließende Beispiel (19) zeigt dies in einem von dem Kind selbst initiierten Rollenspiel. In dieser Szene – Hannah (2;9) versucht vergeblich, zwei Puppen in einen kleinen Spielzeuglastwagen zu zwängen – verleiht sie jeder Puppe eine eigene Sprache und damit eine eigene Stimme.

(19) *I'm trying again.* Oh, geht's nicht. *Now try again.* Oh geht auch noch nicht, uh uh geht nicht. *I've to put his arms down …*

Aufgaben

1. Die in der Literatur etablierte Metapher *Borrowing/Entlehnung* ist eigentlich fehlleitend – warum eigentlich? Wie sieht es mit *Code-Switching* aus?

Anregungen für Diskussionen, Projekte und zum Weiterlesen

1. Wie stehen Ihre Schüler/Studierenden zum Mischverhalten? Sie selbst?
2. Kommen ihnen (und Ihnen) die erwähnten Motive für die Mischung vertraut vor?
3. Inwieweit spielt sprachliches Mischen als Markenzeichen der Gruppen, denen sich Ihre Schüler oder Studierenden zugehörig fühlen, eine Rolle?
4. Zu den soziolinguistischen Voraussetzungen für sprachliches Mischen finden sich gut verständliche Kapitel in dem englischen Text von Myers-Scotton (2006, Kapitel 6). Interessante Einblicke, auch aufgrund autobiographischer Aussagen, finden sich in den Büchern von Keim (2007 und 2014). Zum weiteren Mischverhalten der hier zitierten Ausgewanderten der ersten Generation vgl. Keller (2014), Tracy (2022), Tracy & Stolberg (2008).

7 Schulpflicht für Sprachen!

Im ersten Kapitel haben wir Ihnen für das Buchende ein optimistisches Fazit in Aussicht gestellt. An dieser Stelle sind wir nun angekommen und gehen im Folgenden auf einige Punkte ein, die es Ihnen hoffentlich ermöglichen, manche Ihrer beruflichen Herausforderungen in einem etwas positiveren Licht zu sehen. Mit unserer – zugegeben spielerischen – Überschrift „Schulpflicht für Sprachen!" unterstreichen wir, dass Schulen Orte sind, an denen *alle* Sprachen willkommen sein sollten. Und dies nicht nur der Fairness und einer oft beschworenen Wertschätzung und Antidiskriminierung wegen, sondern weil ihre Präsenz ohnehin nicht zu verhindern ist: Sie sind ja in unseren Köpfen immer päsent. Also machen wir etwas draus!

7.1 Schlüsselmetaphorik

Bei sprachlichen Kompetenzen und Termini wie **Sprachbildung** und **sprachliche Bildung** denken wir sofort an unverzichtbare Voraussetzungen für gesellschaftliche Teilhabe und Chancengerechtigkeit. Im aktuellen Bildungsdiskurs wird dafür zuverlässig die Metapher einer **Schlüsselfunktion** beschworen. Darin stimmen wir wohl alle überein, wobei eine entscheidende Vorbedingung dieser Wirkungskette zu wenig Berücksichtigung findet. Denn *zuerst* muss es ja Lernenden gelingen, die sprachlichen Ressourcen zu *entschlüsseln*, die danach ihre Wirkung entfalten und die erhoffte Schlüsselrolle übernehmen können. Was Allmendinger (2012) generell für den Bildungsbereich formulierte, gilt auch hier: Schulen müssen eine Menge *Schulaufgaben* machen! Dazu müssen sie befähigt werden und die notwendigen Ressourcen erhalten, aber sie müssen in erster Linie wissen, was zu tun ist.

An genau dieser Stelle kommen Sie ins Spiel, und damit auch einer der Gründe, die uns optimistisch stimmen! Insbesondere im Fall von Kindern und Jugendlichen aus bildungsbenachteiligten Familien oder Sprecherinnen, die erst nach der frühen Kindheit, vielleicht als Quereinsteigerinnen, Deutsch als weitere Sprache erwerben, ist Ihr Wissen und Können unverzichtbar. Allerdings bedarf es dafür auf Ihrer Seite auch eines Schlüssels in Form **sprachlicher Bildung**, präziser gesagt, eines Schlüsselbunds expliziten sprach*wissenschaft*lichen Grundlagenwissens über Sprache, Spracherwerb und Mehrsprachigkeit. Ohne metasprachliches Professionswissen stünde

Ihnen Ihre eigene sprachliche Kompetenz bei der Einschätzung der sprachlichen Fähigkeiten anderer geradezu im Weg. Kleinste formale Abweichungen von unserer eigenen Sprechweise und unseren kanonischen Erwartungen fallen uns ja sofort auf, auch wenn wir sie nicht spontan präzise benennen könnten. Doch was alles schon „stimmt" und erreicht wurde, übersieht man leicht, wenn man relevante Signale nicht kennt.

Mit der Verantwortung für sprachsensibles Unterrichten stehen Sie glücklicherweise nicht allein da. Der Aufbau und Ausbau sprachlicher Register, die in Schulen, Ausbildung und im Berufsleben benötigt werden, verlangen einen langen Atem und den langfristigen Schulterschluss über konsekutive Bildungsinstitutionen und über parallelen Fachunterricht innerhalb von Bildungsetappen hinweg. Vergleichbare sprachliche Herausforderungen stellen sich schließlich überall und ungeachtet fachlicher Grenzen. Allerdings heißt dies nicht, dass man die von mehreren Schülerinnen einer Klasse gesprochenen Sprachen nicht in das Unterrichtsgeschehen einbinden kann, wenn es darum geht, sich in Gruppenarbeiten bestmöglich mit einem fachlichen Problem auseinanderzusetzen – ein Ansatz, der als **Translanguaging** bekannt ist (García 2017). Dies bedeutet auch nicht, dass man auf die anschließende Wiederholung in einem Medium, das alle verstehen, verzichtet, weil ja schließlich alle Anwesenden verstehen sollen, worum es geht. Aber die vorgeschaltete Auseinandersetzung mit einer konzeptuellen Herausforderung, egal in welcher Sprache, trägt dazu bei, relevante Konzepte zu aktivieren, was dann im Anschluss der Reproduktion von Gedankengängen in einer gemeinsamen Sprache dienlich ist und damit auch dem verbesserten Verständnis des behandelten Phänomens, in welchem Fachbereich auch immer.

7.2 Spracherwerb: ein Selbstläufer

Ein zweiter Grund für unseren Optimismus liefert uns beim ungestörten Erwerb weltweit jedes Kind. Von Hirsh-Pasek & Golinkoff stammt die Aussage, dass Sprachen aufgrund ihrer Komplexität eigentlich nicht lernbar sein sollten („Language learning ought to be impossible", 1996, S. 1). Menschen, sogar ungeachtet des Alters, belehren uns eines Besseren. Kinder beweisen weltweit, dass sie sich zentrale strukturelle Eigenschaften ihrer Umgebungssprachen in natürlichen kommunikativen Kontexten zügig, d. h. innerhalb weniger Lebensjahre, aneignen können. Dafür sorgen biologische Voraussetzungen, effiziente kognitive Strategien und der Beitrag der Umwelt. „Stimmt" diese Konstellation, ist der Erstspracherwerb nicht aufzuhalten. Zweifellos – und darin ist sich die Forschung ungeachtet verbleibender Kontroversen einig – ist das menschliche Gehirn bestens dafür ausgestattet, Input zu Intake zu verarbeiten.

Das besonders Faszinierende daran: Kinder überarbeiten ihre Grammatiken immer wieder, obwohl sie doch eigentlich bereits mit rudimentären Mitteln ihre kommunikativen Ziele erreichen können, vgl. (3) (aus Tracy 1991, S. 315).

(1) (Stefanie (1;10) zeigt auf Bauklötze, guckt den Vater an:)
DA brücke neu machen\ PApa machen\ ein BRÜcke machen\
JETZT wieder neu Papa machen\ BRÜcke wieder neu machen\
DAS Papa wieder neu machen\
(Vater beginnt damit, eine neue Brücke zu bauen.)

Mit solchen Äußerungen im Kontext herumliegender Klötze und vorangegangener Turmbauaktionen (deshalb das *wieder*) ist schon alles Relevante gesagt und wurde ja auch verstanden. Dennoch begnügen sich Kleinkinder nicht damit! Vielmehr rekonfigurieren sie ihre jeweiligen syntaktischen Baupläne ohne Not so lange, bis der Output ihrer Grammatiken weitgehend mit dem Erwachsener konvergiert. Alles, was Kinder dafür brauchen, haben wir als Erwachsene verfügbar; wir müssen nur noch unserer Verantwortung nachkommen, indem wir mit ihnen in sinnvollen Kontexten kommunizieren. Gleiches gilt für den frühen Zweitspracherwerb, bei dem sich eine vergleichbare Eigendynamik manifestiert.

Mit dem Alter sinkt die Wahrscheinlichkeit einer auf allen Systemebenen unauffälligen Entwicklung bis zum Kompetenzniveau von Erstsprachlernerinnen, wenn es ausschließlich beim ungesteuerten Erwerb bleibt. An dieser Stelle kommen unsere Schulen, wie oben bereits erwähnt, ins Spiel. Vergessen wir auch angesichts der vielen Klagen über unzureichende Sprachförderung nicht, dass an Schulen sehr erfolgreich Fremdsprachen unterrichtet werden. Dies geschieht sogar, obwohl der Fremdsprachenunterricht in der Regel auf wenige Stunden pro Woche beschränkt ist, die Mehrheit der Lehrkräfte keine Muttersprachlerinnen sind und im Fall sogenannter „toter Sprachen" nicht einmal sein könnten.

Der kindliche Spracherwerb ist zwar ein Selbstläufer, aber er läuft nur rund in Begleitung einer sprachlichen Umgebung, die ihn immer wieder durch kontrastreichen und komplexen Input herausfordert. Der immer noch verbreitete Rat an Eltern in Zuwandererfamilien: „Sprechen Sie Deutsch mit Ihren Kindern!" ist daher – sofern das Deutsche nicht sehr gut beherrscht wird – nicht zielführend, reduziert Kommunikation und entzieht Kindern noch dazu wichtige Vorbilder in denjenigen Sprachen, die von den Eltern kompetent gesprochen werden und vielleicht auch vorgelesen werden könnten. Familien- und Minoritätssprachen können – das wissen wir auch aus dem 2L1-Erwerb – problemlos erworben werden, ohne dass dabei der Erwerb weiterer Sprachen verhindert wird, und für die Bildungsbereitschaft und die kognitive Entwicklung von Kindern ist egal, in welchen Sprachen man mit ihnen kommuniziert. Wichtig ist, *dass* man mit ihnen kommuniziert!

Was all dies *nicht* bedeutet, ist, dass zugewanderte Eltern sich nicht bemühen sollten, die jeweilige Majoritätssprache zu lernen. Aber Kinder haben schlicht nicht die Zeit zu warten, bis ihre Eltern diese Sprache auf einem hinreichend komplexen Niveau beherrschen, um ihnen dann den benötigten komplexen Input zu liefern. Diese Aufgabe muss unser Bildungssystem übernehmen.

Damit wären wir wieder bei Ihrer wichtigen Rolle angekommen. Als Lehrkräfte können Sie zwar den sprachlichen Wissensstand, mit dem Schülerinnen zum ersten Mal in ihre Klassen kommen, nicht beeinflussen, wohl aber die künftige Quantität und Qualität des Inputs und die Sicht Ihrer Schülerinnen auf das eigene Sprachenlernen. Darüber hinaus sind Sie als Lehrkräfte in weiterer Hinsicht Rollenmodelle, denn Ihr kommunikatives Verhalten setzt auch Maßstäbe für einen respektvollen Umgang miteinander. Sie haben sogar das *Privileg*, Sprache in dieser Hinsicht zum Thema in ihren Klassen zu machen.

7.3 Mehrsprachigkeit als Prinzip

Wir haben noch eine weitere, uneingeschränkt gute Nachricht für Sie: Sie können sich vom Ballast einiger Irrtümer und hartnäckiger Mythen über Mehrsprachigkeit befreien.

Mehrsprachigkeit ist weder ein gesellschaftlicher noch ein individueller Ausnahmezustand. Was immer unsere genetische Prädisposition beinhaltet: Einsprachigkeit gehört nicht dazu. In unseren Gehirnen muss eine vorhandene Sprache nicht weichen, wenn eine andere hinzukommt. Ohnehin: Wenn wir Mehrsprachigkeit generell im Sinne der Koexistenz von Varietäten verstehen, wie wir dies hier getan haben, ist sie von Anfang an dabei (vgl. auch Tracy 2011, S. 414f). Das 2L1-Szenario ist daher eigentlich nur ein Spezialfall.

Die Rede vom monolingualen und noch dazu vollständigen Erwerb hat also einen entscheidenden Schönheitsfehler: Es gibt ihn nicht, schon garnicht in Perfektion! Bereits der Erstspracherwerb ist ein *Erstsprachen*erwerb, bestehend aus einem **multilektalen Spektrum**, zumal Kinder früh mit individuellen sprachlichen Besonderheiten ihrer Bezugspersonen, unterschiedlichen Dialekten und mehr oder weniger standardnahen, mündlichen und zunehmend schriftorientierten Formen (z. B. beim Vorlesen) konfrontiert werden. Hinzu kommen für jedes einzelne Kind zeitlich überlappende Übergangsgrammatiken. In bestimmten Phasen des Erwerbs können daher frühere und fortschrittliche Strukturen innerhalb eines Gesprächs alternieren. Auch offenkundige Diskrepanzen zwischen dem Verstehen und der eigenen Produktion legen nahe, dass nicht auf völlig identische Repräsentationen zugegriffen wird.

Auf Evidenz für die frühe Kontrolle über unterschiedliche Register haben wir in Kapitel 5 im Zusammenhang mit Lesevorläufern schon hingewiesen. Einen typischen Wechsel von (kurpfälzischem) Dialekt und umgangssprachlichen standardnahen Formen zeigt sich in (2), produziert von einem Dreijährigen.

(2)	(Zu seinen wartenden Freunden)	/ʃkumglɑɪ/ (‚ich komm gleich‘)
	(sogleich zu seiner Mutter)	/çbɪnglɑɪçvɪdɑdɑmɑmɑ/ (‚ich bin gleich wieder da Mama‘)

In (3) sehen wir eine Interaktionssequenz zwischen einem Erstklässler (DE) und seinem Lehrer.[62] DE wechselt hier nach dem Insistieren des Lehrers von seinem ethnolektalen Register, in dem Präpositionen, Artikel nicht benötigt werden, zu standardnahem Deutsch und formuliert sein Anliegen noch dazu in Form einer expliziten, höflichen Frage.

62 Diese Szene stammt ursprünglich aus einem von Inken Keim erhobenen Korpus (vgl. auch Keim 2007, 2014), hier entnommen Keim & Tracy (2007, S. 126). Sonderzeichen wurden den Konventionen dieses Buchs angepasst. Das Lachen von DE zeigt, dass er genau weiß, was von ihm erwartet wird und dass er bereit ist, dieses Elizitationsspiel mitzuspielen. Ebenso weiß der Lehrer, dass DE weitere Ausdrucksoptionen zur Verfügung hat.

(3)	DE:	isch muss toilette\
	Lehrer:	bitte?
	DE:	isch muss toilette\
	Lehrer:	nö so nicht\ (.) wie heißt das richtig?
	DE:	(lachend) darf ich bitte auf die toilette gehn/
	Lehrer:	ja gut\(.) ok (.) bleib nich so lang\

Was wir aus solchen Sequenzen lernen, und was DE und sein Lehrer schon wissen: Man unterschätze nicht das Ausmaß, in dem innerhalb sprachlicher Repertoires unterschiedliche Register bereits koexistieren! Ob sie in geeigneten Kontexten zum Einsatz kommen, steht auf einem anderen Blatt.

7.4 Kein Stoppschild an die Schultür!

Im Vorwort dieses Buchs hatten wir geschrieben: „Schulen sind Orte, an denen Wissen und Können erkannt, gefördert und herausgefordert sowie bewusstes Lernen gelehrt und gelernt werden. Ohne Sprache – ob gesprochen, gebärdet, geschrieben – wäre dies unmöglich.“ Wir hatten dies sogar als eine triviale Feststellung bezeichnet. Aber versteht sich der Inhalt wirklich von selbst? Offensichtlich traut man es ja nicht vielen Sprachen zu, dies zu leisten. Welche Sprachen hält man für verzichtbar oder für Störfaktoren? Und zwar für so störend für den Bildungsprozess und das soziale Miteinander, dass man ihre Verwendung im Schulbereich durch Sprachverbote verhindern möchte (vgl. auch Wiese et al. 2020), manchmal mit dem Argument, dass man nur dann gut Deutsch lerne oder sich integrieren könne, wenn man auf dem Schulgelände keine anderen Sprachen außer Deutsch höre. Allerdings nehmen wir an, dass andere schulische Fremdsprachen, inkl. Latein und Altgriechisch, als willkommene Ausnahmen toleriert würden.

Wie wir bereits betont haben: Die von uns beherrschten und regelmäßig verwendeten Sprachen sind ohnehin unsere ständigen Begleiter und daher immer dabei. Es ist unnötig und taktisch unklug, sie durch Verbote zu verbannen. Stattdessen ist es sinnvoller, die Wahl kommunikativer Mittel zum Thema zu machen und das Bewusstsein für die sozialen und emotionalen Konsequenzen der Sprachwahl zu wecken und zu diskutieren. Mitgebrachte Sprachen haben also in mehrfacher Hinsicht eine Daseinsberechtigung in der Schule: als willkommenes Medium der Kommunikation bei der Lösung von Aufgaben, als Lernziel sowie als Gegenstand metasprachlicher Beschäftigung und Einsicht. Im Idealfall erlangen wenigstens die verbreitetsten Herkunftssprachen den Status eines normalen Schulfachs, das allen Interessierten offensteht.

Auch ohne Sprachvorschriften kann die Verwendung des Deutschen als *lingua franca* auf vielfältige Weise unterstützt werden. Damit haben Sie mit Sicherheit auch positive Erfahrung im Fall unterschiedlicher Erstsprachen im Seminar oder Klassenzimmer sammeln können, u. a. dank geschickter Zusammenstellung neuer Arbeitsgruppen. Translanguaging und andere Strategien, die erlauben, sich auf vielfältige Weise als kompetente und kommunikativ erfolgreiche Sprecherinnen wahrzunehmen, schließen sich schließlich nicht aus. Vielleicht möchten Sie nun einwenden, dass Sie es mit Klassen zu tun haben, in denen sich das Deutsche nicht als lingua franca etablieren kann, weil Sie es ausschließlich mit Schülerinnen der gleichen Erstsprachen zu tun haben. Umso wichtiger ist es, sich in Erinnerung zu rufen, dass Lehrende in anderen Ländern, die Deutsch als Fremdsprache unterrichten, vor einem vergleichbaren Problem stehen, mit dem Vorteil und dem Nachteil, dass sie bei einem Nullpunkt beginnen müssen, zumal in diesen Fällen nicht einmal außerhalb der Schule der Kontakt mit dem Deutschen als Majoritätssprache verfügbar ist.

Der Verzicht auf diskriminierende Sprachverbote heißt übrigens keineswegs, dass in Schulen jede Art sprachlichen Verhaltens toleriert werden sollte: unangemessene Sprechakte (Beschimpfungen, Drohungen, Anmache, Erpressung, Mobbing etc.) sind in der Tat nicht willkommen und sollten es auch außerhalb schulischer Kontexte nicht sein. Auch das ist ein wichtiges Thema, zu dem Schulen lautstark ihren Beitrag leisten können.

7.5 Perspektivwechsel

In unseren Schulen und Universitäten koexistieren nicht nur viele Sprachen, sondern auch die vielfältigen persönlichen Erfahrungen, die Schülerinnen und Studierende *mit Sprachen* und *wegen ihrer Sprachen* sammeln und den damit verbundenen Emotionen. Das Erlebte war mit Sicherheit nicht immer positiv, aber auch darüber lässt sich reden, nicht zuletzt, weil Schulen selbst oft als Orte bedrückender und abwertender Erfahrungen ursächlich beteiligt sind. Dabei hilft es, sich an die eigene Schulzeit zu erinnern, in der Sie vielleicht selbst – mit und ohne größere Sprachbarrieren, eventuell sogar nur auf aufgrund des Dialekts Ihrer Kindheit – beschämt wurden. Auch diese kurze Zeitreise in die eigene Vergangenheit ist aus unserer Sicht eine heilsame und damit positive Erfahrung.

Die Forderung nach sprachsensiblem Unterricht verlangt also mehr als die Fähigkeit, sprachbedingte Hürden zu antizipieren und Aufgaben vorzuentlasten. Es bedeutet auch wahrzunehmen, wie fundamental Lernende in ihrem Selbstwertgefühl durch ihre schulische Erfahrung und die dort erfolgte Kommunikation geprägt werden.

Von dem neuseeländischen Pädagogen John Hattie stammt die Aussage, dass „[e]in guter Lehrer […] seinen Unterricht immer durch die Augen seiner Schüler [betrachtet]“ (Beywl, Spiewak & Zierer 2013, S. 36). Was sehen wir, wenn wir Hatties Rat folgen und uns als Lehrende – egal, welcher Institution – durch die Augen von Schülerinnen und Studierenden betrachten? Vor manchem würden wir vielleicht gerne die Augen verschließen. Nach allem, was wir aus neueren Bildungsstudien kennen, kämen wir wahrscheinlich zu traurigen Schlussfolgerungen, vor allem hinsichtlich der Einschätzung unserer Fähigkeit, Leistungen fair zu beurteilen und Fortschritte zu würdigen.[63] Wir sähen sicher auch hin und wieder etwas, worüber wir – idealerweise sogar gemeinsam mit unseren Schülerinnen – schmunzeln könnten, z. B. wenn wir mit eigenen unvollständigen Sätzen um Elaborierung bitten, also beispielsweise „Nochmal im ganzen Satz, bitte!“. Wir dürfen sogar besonders laut lachen, weil wir alle in normalen konversationellen Kontexten auch nicht immer in ganzen Sätzen sprechen.

Im allerbesten Fall treffen wir bei unserer selbstkritischen Betrachtung auch auf ermutigende Aussagen, wie sie eine Viertklässlerin mit Deutsch als früher L2 – ihre Erstsprache ist Arabisch, der Beginn ihres Deutschkontakts erfolgte im Alter 3;1 – explizit formulierte und die wir unten zitieren. Die Passage stammt aus einem mündlichen Interview. Das Mädchen beantwortet hier die

63 In diesem Zusammenhang sind die autobiographischen Berichte der jungen Frauen in Keim (2007) erhellend; ebenso aufschlussreich und bedrückend sind Studien, die nachweisen, dass oft trotz gleicher Leistung allein aufgrund eines Vornamens, der auf Migrationshintergrund hinweist, schlechtere Noten vergeben werden (Bonefeld & Dickhäuser 2018). Wir weisen auch auf die zu Jahresbeginn 2023 in allen Medien sehr präsente Diskussion über die Vornamen der jungen Menschen hin, die an den Exzessen beim Jahreswechsel 2022/2023 beteiligt waren.

Frage, was sie einmal werden möchte. Anhand unserer Transkription erkennen Sie kanonische Haupt- und Nebensätze sowie typische umgangssprachliche Formen (*hab, dacht, find, beibring, des*). Vermutlich vermissen Sie ein winziges Detail: die Dativmarkierung in *Kindern*). Einen L1-bedingten Akzent würden Sie übrigens nicht hören, was Sie uns hier einfach glauben müssen.

Die Hauptsache ist, Sie erkennen klar und deutlich eine inhaltlich positive und berührende Kernbotschaft, an der es nichts zu perfektionieren gibt.

> Ich will Lehrerin werden. Ich hab meine Klassenlehrerin beobachtet und dacht, des is ein toller Job. Ich denke nicht, dass des leicht ist, aber ich will auch Kinder was beibring. Des find ich auch schön.

Wir auch!

Aufgabe

1. Betrachten Sie noch einmal die Sätze in Beispiel (1) dieses Kapitels, nämlich *DA brücke neu machen\ PApa machen\ ein BRÜcke machen\ JETZT wieder neu Papa machen\ BRÜcke wieder neu machen\ DAS Papa wieder neu machen*.
   Und nun unsere Frage: Was weiß das Mädchen, das diese Äußerungen an ihren Vater gerichtet hat, bereits von der deutschen Syntax, und welchen Meilenstein hat es erreicht?

Anregungen für Diskussionen, Projekte und zum Weiterlesen

1. Mit hoher Wahrscheinlichkeit haben Ihre Schülerinnen und Studierenden aus Familien mit Migrationsbiographie mit diversen Vorurteilen der Mehrheitsgesellschaft Erfahrung gesammelt, über die man diskutieren kann.
2. Der auch in deutscher Übersetzung verfügbare französische Film *La classe* (Regie von Laurent Cantet, 2008) wurde 2010 in Cannes ausgezeichnet. Er zeigt Sprache als Unterrichtsgegenstand und Erwerbsziel, als Instrument des Aushandelns von Bedeutung und Intentionen, als Instrument des Disziplinierens und der Macht, der Provokation, der Verweigerung, des Ausgeschlossenseins im Fall des Nichtverstehens, als Ausdruck von Hilflosigkeit und Versagensgefühlen auf Schüler-, aber auch auf Lehrenden- und Elternseite.

Lösungshinweise zu den Aufgaben

Kapitel 1

1. Der Absatz enthält 11 finite Verben, hier nacheinander aufgelistet: *werden, zieht, widmen, präzisiert, wird, gehen, behandeln, verdeutlichen, ist, zieht, schließt*. Weil diese Aufgabe vermutlich sehr schnell bearbeitet wurde: Wie steht es mit den nicht finiten Verben, inkl. verbaler Partikel?
2. Wer würde sich nicht freuen, wenn es etwas *umsonst* gibt? Aber sind Staus wirklich ein Grund zur Freude? Natürlich nicht, und das ist auch nicht gemeint. Vielmehr erhält man *Information über Staus* kostenlos über den Sender. Die Rede vom „Stau" ist also eigentlich nur eine Abkürzung, ebenso wie das Goethe-Beispiel im Text, in etwa kurz für „die Bücher des Verfassers des *Jungen Werther*, Goethe, finden Sie ...". Die Komik der Stau-Ansage fällt uns normalerweise nicht auf, weil wir als kooperative Gesprächspartnerinnen die Äußerungen anderer im jeweiligen Kontext wohlmeinend im intendierten Sinn interpretieren.

Kapitel 2

1. Der Text enthält viele dem Englischen entlehnte Wörter (*crunchy, nuggets, snack, cornflakes, fingerfood*). Bei *würzig-kross* denkt man bei *kross* vielleicht auch an Englisch, aber das liegt an einem *false friend, (a)cross,* das etwas anderes bedeutet. Das *kross* unseres Beispiel entstammt norddeutschen Dialekten, mit der Bedeutung ‚knusprig gebraten'. Sie könnten danach im Digitalen Wörterbuch der deutschen Sprachen suchen bzw. suchen lassen: https://www.dwds.de/wb/kross. Aber Sie haben sicher in diesem Text auch ein nicht existentes, aber mögliches deutsches Wort gefunden: *gemüsig*, ein von einem Nomen abgeleitetes Adjektiv. Auch falls Sie dieses Wort hier zum ersten Mal sahen, hatten Sie kein Problem bei der Interpretation. Und dann ist da noch *Panade*, ein Lehnwort mit gut erkennbarer romanischer Wurzel. *Panieren/paniert* für das Umhüllen mit Brotkrümeln/Paniermehl vor dem Braten kennen wir alle. Eine weitere Frage wäre: Warum bedient sich insbesondere die Werbung solcher Texte, die – vielleicht von Panade abgesehen – unsere Großeltern nicht ver-

standen hätten? Hier wird – auch im Fall von *gemüsig* – mit Sprache gespielt. Englisch oder auch – insbesondere im Fall von Mode und Kosmetik Französisch – appellieren an modernes, weltbürgerliches Lebensgefühl.

2. Sprachen unterscheiden sich in ihren Strukturen mehr oder weniger stark. Das hatten wir schon unter Bezug auf die Platzierung verbaler Köpfe thematisiert, i.e. VO oder OV. Zugleich sieht man auch interessante Parallelen, wie viele einfache Sätze im Deutschen und Englischen mit Simplexverben: *Ich las das Buch letztes Jahr. I read the book last year. War es interessant? Was it interesting?* In Fällen solcher Parallelismen spricht man von *überlappenden Strukturen.* Wie sieht es mit anderen Sprachen in Ihren Klassenzimmern aus? Gibt es identische Wortfolgen? Wo stehen die finiten und nicht finiten Verben? Kann man sie immer klar anhand der Form unterscheiden? Hilfreiche Hintergrundlektüre dazu bietet der Band von Krifka et al. (2014).

Kapitel 3

1. Die Reaktionen enthalten höchstwahrscheinlich folgende Wörter, die sich den semantischen Relationen in der rechten Spalte zuordnen lassen.

Stimulus	Reaktionen	Semantische Relation
KALT	warm, heiß blau, Eis eiskalt	Antonyme Assoziativ Kollokation
ROT	blau, grün, gelb, ... Herz, Liebe, Rosen, ... rosenrot	Kohyponyme Assoziativ Kollokation
HAMMER	Säge Werkzeug, ... Brett, Wand, ... hammerhart	Kohyponym Hyperonym Assoziativ Kollokation
SOMMER	warm, Sonne, Strand, ... Sommerurlaub	Assoziativ Kollokation

SCHREIBEN	Füller, Stift, Papier, ... lesen	Kollokation Relationale Antonyme
BANK	Geld, sitzen, ... Parkbank, Bankraub, ...	Assoziativ Kollokation

Zu Kollokationen vgl. Steinbügl (2005).

2.

Vor-Vor-feld	**Vor-feld**	**LSK**	**Mittelfeld**	**RSK**	**Nach-feld**
	Ich	lese	gleich Kapitel 3 zum dritten Mal	durch	
		Würde	uns bitte jemand das Kapitel laut	vor-lesen?	
Aber	was	hast	du denn nun wirklich stattdessen	gelesen?	
	Krimis	lese	ich tatsächlich viel lieber		
	Ich	frage	mich		
		ob	wenigstens die Autorinnen Spaß	hatten	beim Schreiben

Kapitel 4

1. (a) Meilenstein II: Dafür sprechen nicht finite Strukturen mit dem Verb am Ende. Bei *[dazə] bus ... [dazə] leute* handelt es um eine Vorläuferstruktur mit einer holistischen, noch nicht weiter analysierbaren Kopulaformel am Satzanfang.

   (b) Meilenstein IV: Wir sehen komplexe Sätze mit finiten Verben in der LSK im Hauptsatz und finiten Verben in der RSK im Nebensatz.

(c) Meilenstein III: Hier sehen wir drei Hauptsätze. Die erste Äußerung ist lang genug, um das finite Verb der LSK zuzuordnen, ein deutlicher Schritt über Meilenstein II hinaus. Man sieht auch, dass die Kopula nun von der deiktischen Partikel *da* separiert wurde und in einer Singular- und einer Pluralform auftritt, also in Abhängigkeit vom jeweiligen Subjekt, auch wenn die Formen noch nicht völlig kanonisch sind.

2. (a) Es handelt sich um einen Satz, der zwar englische lexikalische Elemente enthält, aber der Syntax des Deutschen folgt. Die entlehnten englischen Wörter werden der deutschen Grammatik angepasst: *chimney* erhält einen deutschen Artikel, und das Verb *builden* trägt eine deutsche Infinitivmarkierung.

   (b) Hier lässt sich nicht einmal sagen, ob die Syntax englisch oder deutsch ist. Es handelt sich um einen Satz, für den es in beiden Sprachen „überlappende" Strukturen gibt, wie wir sie bei den Aufgaben von Kapitel 3 angesprochen hatten.

Kapitel 5

1. (a) Die Schülerin ...
   - weiß, dass am Satzanfang großgeschrieben wird, beherrscht die Groß- und Kleinschreibung innerhalb des Satzes allerdings noch nicht.
   - schreibt viele Wörter orthographisch richtig.
   - verfolgt gleichzeitig bei einigen Wörtern noch eine phonetische Schreibstrategie (*Koseng, gespilt, wa, alein*)

   (b) Die Schülerin orientiert sich an einer orthographischen Konvention. Wenn – wie hier – kein Komma erscheint, fehlen ihr syntaktische Kriterien. Dies bedeutet auch, dass sie gesprochene Nebensätze nicht erkennen würde. Im Deutschunterricht sollte also nicht nur auf die Kommasetzung fokussiert werden. Vielmehr ist es wichtig, die syntaktischen Kriterien, die Haupt- und Nebensätze unterscheiden, zu thematisieren: Nebensätze erkennt man daran, dass sie normalerweise nicht unabhängig von ihren Hauptsätzen bzw. Matrixsätzen sind und am linken Satzrand von Komplementierern oder Relativpronomen eingeleitet werden. In diesem Fall steht das finite Verb in der RSK. Bei Verben des Sagens und Denkens (*wissen, vermuten* ...) kann der Nebensatz auch ohne einleitende Komplementierer auftreten. In diesem Fall rückt das finite Verb nach links in die LSK vor. Dennoch handelt es sich um einen von dem Matrixprädikat (*wissen, vermuten* ...) abhängigen Nebensatz (*Ich weiß, die Lektüre unseres Buches hat Ihnen Spaß gemacht*).

Kapitel 6

1. In der Sprachkontaktforschung wird oft gewitzelt, dass die Bezeichnung *Borrowing/Entlehnung* falsch ist, weil ja nicht geplant ist, Wörter zurückzugeben. Auch an Bezeichnungen wie *Code-Switching* und *Sprachwechsel* kann man kritisieren, dass nicht immer über alle Ebenen hinweg ein erkennbarer Wechsel erfolgt. Oft sind Merkmale beider Sprachen gleichzeitig involviert, wie wir mehrfach gesehen haben.
2. (a.) und (b.): intra-sententialer Wechsel, (c.) inter-sententialer Wechsel an Satzgrenzen.

Kapitel 7

Meilenstein II wurde erreicht. Das Kind weiß (implizit), dass nicht finite Verben in der RSK stehen müssen. Wir sehen auch, dass jeweils besonders relevante Argumente an den Anfang rücken und außerdem durch Betonung hervorgehoben werden. Eine parallele Struktur ist Ihnen in diesem Text mehrfach begegnet: *LOva Oma tikt.* Dabei handelt es sich ebenfalls um eine nicht finite Struktur. In diesem Fall lässt das vereinfachte Partizip (von *gestrickt*) einen Vergangenheitsbezug erkennen, während sich die *bauen*-Fälle auf ein noch nicht vollzogenes Ereignis beziehen.

Literatur

Allmendinger, J. (2012). *Schulaufgaben. Wie wir das Bildungssystem verändern müssen, um unseren Kindern gerecht zu werden.* München: Pantheon.

Anderson, J., Saleemi, S., & Bialystok, E. (2017). Neuropsychological assessments of cognitive aging in monolingual and bilingual older adults. *Journal of Neurolinguistics* 43 (A), 17–27.

Anstatt, B. T. (Hrsg.). (2007). *Mehrsprachigkeit bei Kindern und Erwachsenen.* Tübingen: Attempto.

Antomo, M., & Steinbach, M. (2010). Desintegration und Interpretation: Weil-V2-Sätze an der Schnittstelle zwischen Syntax, Semantik und Pragmatik. *Zeitschrift für Sprachwissenschaft,* 29(1), 1–37.

Arnaus Gil, L., Müller, N., Hüppop, M., Poeste, M., Scalise, E., Sette, N., Sivakumar, A., Tirado Espinosa, M., & Zimmermann, K. S. (2019). *Frühkindlicher Trilinguismus: Französisch, Spanisch, Deutsch.* Tübingen: Narr Francke Attempto.

Auer, P. (Hrsg.). (1998). *Code-switching in conversation: language, interaction and identity.* London: Routledge.

Auer, P. (2009). Competence in performance: Code-switching und andere Formen bilingualen Sprechens. In: Gogolin, I., & Neumann, U. (Hrsg.). *Streitfall Mehrsprachigkeit – The bilingualism controversy* (91–110). Wiesbaden: Verlag für Sozialwissenschaften.

Auer, P. (2013). Ethnische Marker im Deutschen zwischen Varietät und Stil. In: Deppermann, A. (Hrsg.). *Das Deutsch der Migranten* (9–40). Berlin, Boston: De Gruyter.

Averintseva-Klisch, M., & Frömel, S. (2022). *Der komplexe Satz* (= LinguS 13). Tübingen: Narr Francke Attempto.

Backus, A. (2009). Codeswitching as one piece of the puzzle of language change: the case of Turkish *yapmak.* In: Isurin, L., Winford, D., & de Bot, K. (Hrsg.). *Multidisciplinary Approaches to Code Switching* (307–336). Amsterdam: John Benjamins.

Bahr, F. (Hrsg.). (2005). *Horizonte II: Geschichte für die Oberstufe.* Braunschweig: Westermann Schroedel Diesterweg Schöningh Winklers GmbH.

Baker, C. (2011). *Foundations of bilingual education and bilingualism.* Bristol: Multilingual Matters.

Bautista, M. L. S. (1980). *The Filipino Bilingual's Competence: A model based on an analysis of Tagalog-English code-switching.* Canberra: Australian National University.

Becker, B., Klein, O., & Biedinger, N. (2013). The development of cognitive, language, and cultural skills from age 3 to 6: A comparison between children of Turkish origin and children of native-born German parents and the role of immigrant parents‘ acculturation to the receiving society. *American Educational Journal* 50(3), 626–649.

Beywl, W., Spiewak, M. & Zierer, K. (2013). „Schaut hin!“ Herkunft und Intelligenz ihrer Schüler können Lehrer nicht ändern, den eigenen Unterricht aber wohl, sagt der Schulforscher John Hattie. *DIE ZEIT* 19, 2.5.2013, S. 36ff.

Bialystok, E. (2009a). Bilingualism: The good, the bad, and the indifferent. *Bilingualism: Language and Cognition* 12(1), 3–11.

Bialystok, E. (2009b). *Bilingualism in development: Language, literacy, and cognition.* Cambridge: Cambridge University Press.

Birdsong, D. (Hrsg.). (1999). *Second language acquisition and the critical period hypothesis.* Mahwah (N.J.): Lawrence Erlbaum.

Blom, E., Van de Craats, I., & Verhagen, J. (Hrsg.). (2013). *Dummy auxiliaries in first and second language acquisition.* Boston: De Gruyter.

Bloom, P. (2002). *How children learn the meanings of words.* Cambridge (Mass.): The MIT Press.

Boas, H. C. (2009). *The life and death of Texas German.* Austin: Duke University Press.

Börjesson, K. & Laser, B. (2022). *Pragmatik. Sprachgebrauch untersuchen* (= LinguS 11). Tübingen: Narr Francke Attempto.

Bonefeld, M., & Dickhäuser, O. (2018). (Biased) grading of students‘ performance: Students' names, performance level, and implicit attitudes. *Frontiers in Psychology* 9, Artikel 481.

Bowerman, M. (1982). Reorganizational processes in lexical and syntactic development. In: Wanner, E., & Gleitman, L. (Hrsg.). *Language acquisition: The state of the art* (319–346). New York: Academic Press.

Bredel, U., Fuhrhop, N., & Noack, C. (2011). *Wie Kinder lesen und schreiben lernen.* Tübingen: Narr Francke Attempto.

Brehmer, B., & Mehlhorn, G. (2018). *Herkunftssprachen* (= LinguS 4). Tübingen: Narr Francke Attempto

Brehmer, B., & Treffers-Daller, J. (Hrsg.). (2020). *Lost in transmission: The role of attrition and input in heritage language development.* Amsterdam: John Benjamins.

Clahsen, H., Meisel, J. M., & Pienemann, M. (1982). *Deutsch als Zweitsprache: Der Spracherwerb ausländischer Arbeiter.* Tübingen: Gunter Narr Verlag.

Clahsen, H. (1984). Der Erwerb der Kasusmarkierung in der deutschen Kindersprache. *Linguistische Berichte* 89, 1–31.

Clyne, M. (1987). Constraints on code-switching: How universal are they? *Linguistics* 25(4), 739–764.

Clyne, M. (2003). *Dynamics of language contact. English and Immigrant Languages.* Cambridge: Cambridge University Press.

Cook, V. J. (1992). Evidence for multicompetence. *Language Learning,* 42(4), 557–591.

Coyle, D., Hood, P., & Marsh, D. (2011). *CLIL. Content and language integrated learning.* Cambridge: Cambridge University Press.

Cummins, J. (2008). BICS and CALP: Empirical and theoretical status of the distinction. In: Street, B.V. (Hrsg.). *Encyclopedia of Language and Education* 2(2), 71–83.

de Houwer, A. (2009). *Bilingual First Language Acquisition.* Bristol: Multilingual Matters.

Deppermann, A. (2013). *Das Deutsch der Migranten.* Berlin: De Gruyter.

Dimroth, C., & Schimke, S. (2012). Der Erwerb der Finitheit im Deutschen: Ein Vergleich von kindlichen und erwachsenen L2 Lernern. In: Ahrenholz, B., & Knapp, W. (Hrsg.). *Sprach-*

stand erheben – Spracherwerb erforschen: Beiträge aus dem 6. Workshop „Kinder mit Migrationshintergrund“ (287–306). Freiburg: Fillibach.

Dirim, I., & Mecheril, P. (2018). *Heterogenität, Sprache(n), Bildung: Die Schule der Migrationsgesellschaft.* Bad Heilbrunn: Klinkhardt.

Döpke, S. (Hrsg.). (2000). *Cross-linguistic structures in simultaneous bilingualism.* Amsterdam: John Benjamins.

Dudenredaktion (Hrsg.), (2016). *Duden. Die Grammatik,* Bd. 4. (Duden, 9., überarb. Aufl.). Mannheim: Dudenverlag.

Eichinger, L., & Plewnia, A. (Hrsg.). (2008). *Das Deutsche und seine Nachbarn: Über Identitäten und Mehrsprachigkeit.* Tübingen: Gunter Narr Verlag.

Eisenberg, P. (2000). *Das Wort.* Stuttgart: Metzler.

Elman, J. (1993). Learning and development in neutral networks: the importance of starting small. *Cognition* 48(1), 71–99.

Europäische Kommission. (2008). *Eine lohnende Herausforderung. Wie die Mehrsprachigkeit zur Konsolidierung Europas beitragen kann. Vorschläge der von der Europäischen Kommission eingerichteten Intellektuellengruppe für den interkulturellen Dialog.* Brüssel: Amt für Veröffentlichungen.

Feilke, H. (2013). Bildungssprache und Schulsprache am Beispiel literal-argumentativer Kompetenzen. In: Becker-Mrotzek, M., Schramm, K., Thürmann, E., & Vollmer, H. J. (Hrsg.). *Sprache im Fach: Sprachlichkeit und fachliches Lernen* (113–130). Münster: Waxmann.

Fellbaum, C. (1990). English verbs as a semantic net. *International Journal of Lexicography* 3(4), 278–301.

Ferguson, C. (1981). ‚Foreigner talk‘ as the name of a simplified register. *International Journal of the Sociology of Language* 28(28), 9–18.

Freywald, U. (2016). Clause integration and verb position in German – Drawing the boundary between subordinating clausal linkers and their paratactic homonyms. In: Reich, I., & Speyer, A. (Hrsg.). *Co-and Subordination in German and other Languages* (181–220). Hamburg: Buske

Freywald, U., Wiese, H., Boas, H C., Brizić, K., Dammel, A. & Elspaß, S. (2023). *Deutsche Sprache der Gegenwart.* Berlin: J. B. Metzler.

Friederici, A., & Thierry, G. (Hrsg.). (2008). *Early language development: Bridging brain and behaviour.* Amsterdam: John Benjamins.

Fritzenschaft, A. (1994). Activating passives in child grammar. In: Tracy, R., & Lattey, E. (Hrsg.). *How tolerant is universal grammar? Essays on language learnability and language variation* (155–184). Berlin, New York: Max Niemeyer.

Fritzenschaft, A., Gawlitzek-Maiwald, I., Tracy, R., & Winkler, S. (1990). Wege zur komplexen Syntax. *Zeitschrift für Sprachwissenschaft* 9(1–2), 52–134.

Fuß, E., & Geipel, M. (2018). *Das Wort* (= LinguS 1). Tübingen: Narr Francke Attempto.

Gallmann, P. (2015). Das topologische Modell: Basisartikel. In: Wöllstein, A. (Hrsg.). *Das topologische Modell für die Schule* (1–36). Baltmannsweiler: Schneider Hohengehren.

García, O. (2017). Problematizing linguistic integration of migrants: the role of translanguaging and language teachers. In: Beacco, J.-C., Krumm, H.-J., Little, D., & Thalgott, Ph. (Hrsg.). *The Linguistic Integration of Adult Migrants / L'intégration linguistique des migrants adultes: Some lessons from research / Les enseignements de la recherche* (11–26). Berlin, Boston: De Gruyter Mouton.

Gärtig, A. K., Plewnia, A., & Rothe, A. (2010). *Wie Menschen in Deutschland über Sprache denken: Ergebnisse einer bundesweiten Repräsentativerhebung zu aktuellen Spracheinstellungen.* Mannheim: Institut für Deutsche Sprache.

Gawlitzek, I. (2018). Kinderbücher im Kontext sprachlichen und interkulturellen Lernens. In: Gutzmann, M. (Hrsg.). *Sprachen und Kulturen. Beiträge zur Reform der Grundschule* (159–176). Frankfurt am Main: Grundschulverband.

Gawlitzek, I., & Kümmerling-Meibauer, B. (Hrsg.). (2013). *Mehrsprachigkeit und Kinderliteratur.* Stuttgart: Fillibach.

Gawlitzek-Maiwald, I. (1994). How do children cope with variation in the input? The case of German plurals and compounding. In: Tracy, R., & Lattey, E. (Hrsg.). How tolerant is universal grammar? Essays on language learnability and language variation (225–266). Berlin, New York: Max Niemeyer.

Gawlitzek-Maiwald, I. (2000). ‚I want a chimney builden': the acquisition of infinitival constructions in bilingual children. In: Döpke, S. (Hrsg.). *Cross-linguistic structures in simultaneous bilingualism* (123–148). Amsterdam: John Benjamins.

Gawlitzek-Maiwald, I., & Tracy, R. (1996). Bilingual bootstrapping. *Linguistics* 34(5), 901–926.

Geilfuß-Wolfgang, J., & Ponitka, S. (2020). *Der einfache Satz* (= LinguS 5). Tübingen: Narr Francke Attempto.

Geist, B., & Krafft, A. (2019). *Deutsch als Zweitsprache* (= LinguS 2). Tübingen: Narr Francke Attempto.

Gogolin, I. (2008). *Der monolinguale Habitus der multilingualen Schule.* Münster: Waxmann.

Gogolin I., & Neumann, U. (Hrsg.). (2009). *Streitfall Mehrsprachigkeit – the bilingualism controversy.* Wiesbaden: Verlag für Sozialwissenschaften.

Golden, A., & Lanza, E. (2019). Narratives on literacies: Adult migrants' identity construction in interaction. In: Pitkänen-Huhta, A., & Holm, L. (Hrsg.). *Literacy Practices in Transition. Perspectives from the Nordic Countries* (27–53). Bristol, Buffalo, Toronto: Multilingual Matters.

Goodluck, H. (1991). *Language Acquisition: A Linguistic Introduction.* Oxford: Blackwell.

Grainger, J. (1993). Visual word recognition in bilinguals. In: Schreuder, R., & Weltens, B. (Hrsg.). *The Bilingual Lexicon* (11–26). Amsterdam Philadelphia: John Benjamins

Grice, H. P. (1975). Logic and Conversation. In: Cole, P., & Morgan, J. L. (Hrsg.). *Syntax and Semantics:* Vol. 3: *Speech Acts* (41–58). New York: Academic Press.

Grosjean, F. (1982). *Life with Two Languages: An Introduction to Bilingualism.* Cambridge (Mass.): Cambridge University Press.

Haberzettl, S. (2004). *Der Erwerb der Verbstellungsregeln in der Zweitsprache Deutsch durch Kinder mit russischer und türkischer Muttersprache.* Tübingen: Max Niemeyer.

Haznedar, B. (2013). Child second language acquisition from a generative perspective. *Linguistic Approaches to Bilingualism* 3(1), 26–47.

Hennon, E., Hirsh-Pasek, K., & Golinkoff, R. (2000). Die besondere Reise vom Fötus zum spracherwerbenden Kind. In: Grimm, H. (Hrsg.). *Sprachentwicklung* (41–103). Göttingen: Hogrefe.

Hirsh, D., & Nation, P. (1992). What vocabulary size is needed to read texts for pleasure? *Reading in a foreign language* 8(2), 689–696.

Hirsh-Pasek, K., & Golinkoff, R. M. (1996). *The origins of grammar: evidence from early language comprehension.* Cambridge: Cambridge University Press.

Höhle, B. (Hrsg.). (2010). *Psycholinguistik.* Berlin: Akademie Verlag.

Hulk, A. (2000). Non-Selective Access and Activation in Child Bilingualism: The Syntax. In: Döpke, S. (Hrsg.). *Cross-linguistic structures in simultaneous bilingualism* (57–78). Amsterdam: John Benjamins.

Kaltenbacher, E., & Klages, H. (2006). Sprachprofil und Sprachförderung bei Vorschulkindern mit Migrationshintergrund. In: Ahrenholz, B. (Hrsg.). *Kinder mit Migrationshintergrund* (80–97). Stuttgart: Fillbach.

Karajoli, E., & Nehr, M. (1996). Schriftspracherwerb unter Bedingungen der Mehrsprachigkeit. In: Günther, H., & Ludwig, O. (Hrsg.). *Schrift und Schriftlichkeit/ Writing and ist Use: Ein interdisziplinäres Handbuch internationaler Forschung/ An Interdisciplinary Handbook of International Research* (1191–1205). Berlin: De Gruyter.

Kauschke, C. (2000). *Der Erwerb des frühkindlichen Lexikons. Eine empirische Studie zur Entwicklung des Wortschatzes im Deutschen.* Tübingen: Gunter Narr.

Keim, I. (2007). *Die „türkischen Powergirls". Lebenswelt und kommunikativer Stil einer Migrantinnengruppe in Mannheim.* Tübingen: Narr Francke Attempto.

Keim, I. (2012). *Mehrsprachige Lebenswelten.* Tübingen: Narr Francke Attempto.

Keim, I., & Tracy, R. (2007). Mehrsprachigkeit und Migration. In: Frech, S., & Meier-Braun, K.-H. *Die offene Gesellschaft* (121–144). Frankfurt am Main: Wochenschau-Verlag.

Keller, M. (2014). *Phraseme im bilingualen Diskurs: „All of a sudden geht mir ein Licht auf."* Bern: Peter Lang.

Kirby, J. R., Hart, B., & Risley, T. R. (1997). Measuring environment: Meaningful differences in language experience. *Canadian Journal of Education / Revue canadienne de l'éducation* 22(3), 323–329.

Klein, W., & Dittmar, N. (1979). *Developing grammars: The acquisition of German syntax by foreign workers.* Berlin: Springer.

Klein, W., & Perdue, C. (1997). The basic variety (or: Couldn't natural languages be much simpler?). *Second Language Research* 13(4), 301–347.

Krasilovsky, P. (2013). *De koe die in het water viel.* Houten: Van Holkema & Warendorf.

Krifka, M., Błaszczak, J., Leßmöllmann, A., Meinunger, A., Stiebels, B., Tracy, R., & Truckenbrodt, H. (Hrsg.). (2014). *Das mehrsprachige Klassenzimmer. Über die Muttersprachen unserer Schüler.* Berlin: Springer VS.

Lado, R. (1957). *Linguistics across cultures.* Ann Arbor: University of Michigan Press.

Lambert, W. E., Hodgson, R. C., Gardner, R. C., & Fillenbaum, S. (1960). Evaluational reactions to spoken language. *Journal of Abnormal and Social Psychology* 60(1), 44–51.

Lattey, E., & Tracy, R. (2005). „Well, I tell you, das war'n Zeiten!" – ein deutsch-amerikanisches Sprachporträt. In: Hinnenkamp, V., & Meng, K. (Hrsg.). *Sprachgrenzen überspringen. Sprachliche Hybridität und polykulturelles Selbstverständnis* (345–380). Tübingen: Gunter Narr.

Lederer, R. (1994). *Adventures of a Verbivore.* New York: Pocket Books.

Leisen, J. (2017). *Handbuch Fortbildung Sprachförderung im Fach. Sprachsensibler Fachunterricht in der Praxis.* Stuttgart: Ernst Klett Sprachen.

Leisi, E. (1985). *Praxis der englischen Semantik.* Heidelberg: Winter.

Lemke, V. (2009). *Der Erwerb der DP. Variation beim frühen Zweitspracherwerb.* Dissertation Universität Mannheim. http://ub-madoc.bib.uni-mannheim.de/3162

Lenneberg, E. (1967). *The biological foundations of language.* New York: Wiley.

Leuninger, H. (1993). *Reden ist Schweigen, Silber ist Gold. Gesammelte Versprecher.* München: Ammann

Leuninger, H. (1996). *Danke und Tschüss für's Mitnehmen.* München: Ammann.

Levelt, W. J. (1989). *Speaking: From Intention to Articulation.* Cambridge (Mass.): The MIT Press.

Ludewig, U., Lorenz, R., Kleinkorres, R. & McElvany, N. (2022). *Sonderauswertung: Zum Stand von Wortschatz und Leseverhalten bei Viertklässler:innen in Deutschland.* https://doi.org/10.17877/DE290R-22999

Mampe, B., Friederici, A. D., Christophe, A., & Wermke, K. (2009). Newborns' cry melody is shaped by their native language. *Current Biology* 19(23), 1994–1997.

Mandel, D. R., Jusczyk, P. W., & Pisoni, D. (1995). Infants' recognition of the sound pattern of their own names. *Psychological Science* 6, 315–318.

Meibauer, J., & Rothweiler, M. (Hrsg.). (1999). *Das Lexikon im Spracherwerb.* Tübingen: Francke.

Meisel, J. M. (2011). *First and second language acquisition: Parallels and differences.* Cambridge: Cambridge University Press.

Meletis, D. (2019). The grapheme as a universal basic unit of writing. *Writing Systems Research* 11(1), 26–49.

Müller, A., Schulz, P., & Tracy, R. (2018). Spracherwerb. In: Titz, C., Geyer, S., Ropeter, A., Wagner, H., Weber, S., & Hasselhorn, M. (Hrsg.). *Konzepte zur Sprach- und Schriftsprachförderung entwickeln* (53–68). Stuttgart: Kohlhammer.

Müller, N. (1998). Transfer in bilingual first language acquisition. *Bilingualism: Language and Cognition* 1(3), 151–171.

Müller, N., Kupisch, T., Schmitz, K., & Cantone, K. (2006). *Einführung in die Mehrsprachigkeitsforschung.* Tübingen: Gunter Narr.

Muysken, P. (2000). *Bilingual speech: A typology of code-mixing.* Cambridge: Cambridge University Press.

Muysken, P. (2013). Language contact outcomes as the result of bilingual optimization strategies. *Bilingualism: Language and Cognition* 16(4), 709–730.

Myers-Scotton, C. (2006). *Multiple voices: An introduction to bilingualism.* Malden (Mass.): Blackwell.

Myers-Scotton, C., & Jake, J. L. (2009). A universal model of code-switching and bilingual language processing and production. In: Bullock, B. E., & Toribio, A. J. (Hrsg.). *The Cambridge Handbook of Linguistic Code-switching* (336–357). Cambridge: Cambridge University Press.

Newport, E. L., Gleitman, H., & Gleitman, L. R. (1977). „Mother, I'd rather do it myself." Some effects and non-effects of maternal speech style. In: Snow, C. E., & Ferguson, C. A. (Hrsg.). *Talking to children* (109–149). Cambridge: Cambridge University Press.

Odlin, T. (1989). *Language transfer: Cross-linguistic influence in language learning.* Cambridge: Cambridge University Press.

Ossner, J., & Zinsmeister, H. (Hrsg.). (2014). *Sprachwissenschaft für das Lehramt.* Paderborn: Ferdinand Schöningh.

Pavlenko, A. (Hrsg). (2009). *The bilingual mental lexicon. Interdisciplinary approaches.* Bristol: Multilingual Matters.

Pinker, S. (2007). *The stuff of thought: Language as a window into human nature.* New York: Penguin.

Polinsky, M. (2018). *Heritage Languages and Their Speakers.* Cambridge: Cambridge University Press.

Poplack, S. (1980). ‚Sometimes I'll start a sentence in spanish Y TERMINO EN ESPANOL'. *Linguistics* 22, 99–135.

Pylyshyn, Z. W. (1973). The role of competence theories in cognitive psychology. *Journal of Psycholinguistic Research* 2(1), 21–50.

Reis, M. (2013). „Weil-V2"-Sätze und (k)ein Ende? Anmerkungen zur Analyse von Antomo, M. & Steinbach, M. (2010). *Zeitschrift für Sprachwissenschaft* 32(2), 221–262.

Reiss, K., Weis, M., Klieme, E., & Köller, O. (Hrsg.). (2018). *Grundbildung im internationalen Vergleich. Zusammenfassung.* Münster: Waxmann.

Riehl, C. (2014). *Mehrsprachigkeit. Eine Einführung.* Darmstadt: WBG.

Röber, C. (2013). *Die Leistungen der Kinder beim Lesen- und Schreibenlernen. Grundlagen der Silbenanalytischen Methode; ein Arbeitsbuch mit Übungsaufgaben.* Bielefeld: wbv.

Roeper, T. (1992). From the initial state to V2: Acquisition principles in action. In: Meisel, J. E. (Hrsg.). *The acquisition of verb placement: functional categories and V2 phenomena in language acquisition* (333–370). Dordrecht: Kluwer.

Romaine, S. (1989). *Bilingualism.* Oxford: Oxford University Press.

Rothweiler, M. (1993). *Nebensatzerwerb im Deutschen.* Tübingen: Max Niemeyer.

Rothweiler, M. (2006). The acquisition of V2 and subordinate clauses in early successive acquisition of German. In: Lleó, C. (Hrsg.). *Interfaces in Multilingualism* (91–113). Amsterdam: John Benjamins.

Rothweiler. M. (2007). Bilingualer Spracherwerb und Zweitspracherwerb. In: Steinbach, M., Albert, R., Girnth, H., Hohenberger, A., Kümmerling-Meibauer, B., Meibauer, J., Rothweiler, M., & Schwarz-Friesel, M. (Hrsg). *Schnittstellen der germanistischen Linguistik* (103–135). Stuttgart: Metzler.

Sauerland, U., & Yatsushiro. K. (2014). Das Japanische und das Koreanische. In: Krifka, M., Blaszczak, J., Leßmöllmann, A., Meinunger, A., Stiebels, B., Tracy, R., & Truckenbrodt, H. *Das mehrsprachige Klassenzimmer* (271–288). Berlin, Heidelberg: Springer.

Schimke, S., & Hopp, H. (Hrsg.). (2018). *Sprachverarbeitung im Zweitspracherwerb*. Berlin: De Gruyter.

Schmid, M. S. (2011). *Language Attrition*. Cambridge: Cambridge University Press.

Schroeder, C., & Şimşek, Y. (2014). Das Türkische. In: Krifka, M., Blaszczak, J., Leßmöllmann, A., Meinunger, A., Stiebels, B., Tracy, R., & Truckenbrodt, H. *Das mehrsprachige Klassenzimmer* (115–134). Berlin, Heidelberg: Springer.

Schulz, P. (2007). Verzögerte Sprachentwicklung: Zum Zusammenhang zwischen Late Talker, Late Bloomer, und Spezifischer Sprachentwicklungsstörung. In: Schöler, H., & Welling, A. (Hrsg.). *Sonderpädagogik der Sprache* (178–190). Göttingen: Hogrefe.

Schulz, P. (2013). Wer versteht wann was? Sprachverstehen im frühen Zweitspracherwerb des Deutschen am Beispiel der w-Fragen. In: Deppermann, A. (Hrsg.). *Das Deutsch der Migranten* (313–338). Berlin: De Gruyter.

Schulz, P., & Tracy, R. (2011). *Linguistische Sprachstandserhebung – Deutsch als Zweitsprache (Lise-DaZ)*. Göttingen: Hogrefe.

Schulz, P., & Tracy, R. (2018). Revisiting the tolerance of universal grammar. In: Hollebrandse, B., Kim, J., Pérez-Leroux, J. A. T., & Schulz, P. (Hrsg.). *T.O.M. and Grammar. Thoughts on Mind and Grammar* (129–146). Massachusetts: GLSA.

Segalowitz, N. (1986). Second language reading. In: Vaid, J. (Hrsg.). *Language processing in bilinguals: psycholinguistic and neurophysiological perspectives* (3–19). Hillsdale, New Jersey: Erlbaum.

Sodian, B. (2011). Theory of mind in infancy. *Child Development Perspectives* 5(1), 39–43.

Soultanian, N. (2012). *Wie russische Kinder Deutsch lernen. Sprachförderung in der Familie und im Kindergarten*. Tübingen: Narr Francke Attempto.

Stahlberg, D., & Sczesny, S. (2001). Effekte des generischen Maskulinums und alternativer Sprachformen auf den gedanklichen Einbezug von Frauen. *Psychologische Rundschau* 52(3), 131–140.

Steinbach, M., Albert, R., Girnth, H., Hohenberger, A., Kümmerling-Meibauer, B., Meibauer, J., Rothweiler, M., & Schwarz-Friesel, M. (2007). *Schnittstellen der germanistischen Linguistik*. Stuttgart, Weimar: Metzler.

Steinbügl, B. (2005). *Deutsch-englische Kollokationen. Erfassung in zweisprachigen Wörterbüchern und Grenzen der korpusbasierten Analyse*. Tübingen: Max Niemeyer.

Steinig, W., & Ramers, K. H. (2020). *Orthografie* (= LinguS 7). Tübingen: Narr Francke Attempto.

Stolberg, D. (2015). *Changes Between the Lines. Diachronic Contact Phenomena in Written Pennsylvania German*. Berlin: De Gruyter.

Stolberg, D., & Münch, A. (2010). ‚Die Muttersprache vergisst man nicht' – or do you? A case study in L1 attrition and its (partial) reversal. In: *Bilingualism: Language and Cognition* 13(1), 19–31.

Szagun, G. (2006). *Spracherwerb beim Kind.* Weinheim: Beltz.

Taylor, S. V., & Leung, C. B. (2020). Multimodal literacy and social interaction: Young children's literacy learning. *Early Childhood Education Journal* 48(1), 1–10.

Thoma, D., & Tracy, R. (2006). Deutsch als frühe Zweitsprache: Zweite Erstsprache? In: Ahrenholz, B. (Hrsg.). *Kinder mit Migrationshintergrund* (58–79). Freiburg: Fillibach.

Tomasello, M. (2008). *Origins of Human Communincation.* Cambridge (Mass.): The MIT Press.

Tracy, R. (1986). The acquisition of case morphology in German. In: *Linguistics* 24 (1986), 047–078.

Tracy, R. (1991). *Sprachliche Strukturentwicklung: linguistische und kognitionspsychologische Aspekte einer Theorie des Erstspracherwerbs.* Tübingen: Gunter Narr.

Tracy, R. (1994). Raising questions. Formal and functional aspects of the acquisition of wh-questions in German. In: Tracy, R., & Lattey, E. (Hrsg.). (1994). *How tolerant is universal grammar? Essays in language learnability and language variation* (1–34). Tübingen: Max Niemeyer.

Tracy, R. (2008). *Wie Kinder Sprache lernen. Und wie wir sie dabei unterstützen können.* Tübingen: Francke Verlag.

Tracy, R. (2011). Konstruktion, Dekonstruktion und Rekonstruktion: Minimalistische und (trotzdem) konstruktivistische Überlegungen zum Spracherwerb. In: Engelberg, S., Holler, A., & Proost, K. (Hrsg.). *Sprachliches Wissen zwischen Lexikon und Grammatik* (397–428). Berlin: De Gruyter.

Tracy, R. (2014a). Mehrsprachigkeit: Vom Störfall zum Glücksfall. In: M. Krifka et al. (Hrsg.). *Das mehrsprachige Klassenzimmer. Über die Muttersprachen unserer Schüler.* Berlin, Heidelberg: Springer, 13–33.

Tracy, R. (2014b). Erstspracherwerb. In: J. Ossner & H. Zinsmeister (Hrsg.). *Sprachwissenschaft für das Lehramt.* Paderborn: Schöningh, 51-86.

Tracy, R. (2022). Gemischtsprachiges Sprechen. In: Földes, C., Roelcke, T. (Hrsg.). *Handbuch Sprachwissen, Bd. 22: Mehrsprachigkeit* (399–427). Berlin: Mouton De Gruyter.

Tracy, R., & Gawlitzek-Maiwald, I. (2000). Bilingualismus in der frühen Kindheit. In: Grimm, H. (Hrsg.). *Enzyklopädie der Psychologie, Bd. 3.* (495–535). Göttingen: Hogrefe.

Tracy, R., & Gawlitzek-Maiwald, I. (2005). The strength of the weak: Asynchronies in the simultaneous acquisition of German and English. *Zeitschrift für Literaturwissenschaft und Linguistik* 35 (3), 28–53.

Tracy, R., & Stolberg, D. (2008). Nachbarn auf engstem Raum. Koexistenz, Konkurrenz und Kooperation im mehrsprachigen Kopf. In: Eichinger, L. & Plewnia, A. (Hrsg.). *Das Deutsche und seine Nachbarn. Über Identitäten und Mehrsprachigkeit* (83–107). Tübingen: Gunter Narr.

Treffers-Daller, J., Ongun, Z., Hofweber J., & Korenar, M. (2020). Explaining individual differences in executive functions performance in multilinguals: the impact of code-switching and alternating between multicultural identity styles. *Frontiers in Psychology* 11, Article 561088.

Trei, A., Teteris, J., & Aras, E. (2013). *Baltic phrasebook.* Wyoming: Lonely Planet Publications Pty Ltd.

Tsimpli, I. M. (2014). Early, late or very late? Timing acquisition and bilingualism. *Linguistic Approaches to Bilingualism* 4(3), 283–313.

Tzeng, O. J. L., Hung, D. L., Lee, W. L., & Chang, J. M. (1996). Cross-linguistic analyses of basic reading processes. In: Günther, H., & Ludwig, O. (Hrsg.). *Schrift und Schriftlichkeit / Writing and ist Use: Ein interdisziplinäres Handbuch internationaler Forschung / An Interdisciplinary Handbook of International Research* (1101–1117). Berlin: De Gruyter.

Vainikka, A., & Young-Scholten, M. (2011). *The acquisition of German: Introducing organic grammar.* Berlin: De Gruyter Mouton.

Verhagen, J. (2013). From dummy auxiliary to auxiliary in Moroccan adult learners' production and comprehension of Dutch. In: Blom, E., van de Craats, I., & Verhagen, J. (Hrsg.). *Dummy auxiliaries in first and second language Acquisition* (281–306). Berlin, Boston: De Gruyter.

Voet Cornelli, B., Geyer, S., Müller, A., Lemmer, R., & Schulz, P. (2020). *Vom Sprachprofi zum Sprachförderprofi. Linguistisch fundierte Sprachförderung für Kita und Grundschule.* Weinheim: Beltz.

Watorek, M., Benazzo, S., & Hickmann, M. (Hrsg.). (2011). *Comparative Perspectives on Language Acquisition.* Bristol: Multilingual Matters.

Weinreich, U. (1974). *Language in Contact.* The Hague: Mouton.

Weisgerber, L. (1966). Vorteile und Gefahren der Zweisprachigkeit. *Wirkendes Wort* 2, 73–89.

Wiese, H. (2012). *Kiezdeutsch: ein neuer Dialekt entsteht.* München: Beck.

Wiese, H. (2020). Language situations: A method for capturing variation within speakers' repertoires. *Methods in Dialectology* XVI(59), 105–117.

Wiese, H., Sennema, A., & Tracy, R. (2020). *Deutschpflicht auf dem Schulhof? Warum wir Mehrsprachigkeit brauchen.* Berlin: Dudenverlag.

Wolf, M. (2010). *Das lesende Gehirn: wie der Mensch zum Lesen kam – und was es in unseren Köpfen bewirkt.* Heidelberg: Spektrum Akademischer Verlag.

Wöllstein, A. (2010). *Topologisches Satzmodell.* Heidelberg: Universitätsverlag Winter.

Wöllstein, A. (Hrsg.). *Das topologische Modell für die Schule.* Baltmannsweiler: Schneider Verlag Hohengehren.

Yang, C. (2016). *The price of linguistic productivity.* Cambridge: The MIT Press.